“十三五”国家重点出版物出版规划项目
“认识中国·了解中国”书系

China's Leadership In Global Governance

全球治理的中国担当

靳 诺 等◎著

中国人民大学出版社
·北京·

作者简介

1. 靳诺，中国人民大学党委书记、国家发展与战略研究院董事长
2. 庞中英，中国人民大学国际关系学院教授
3. 金灿荣，中国人民大学国际关系学院副院长、教授，长江学者
4. 杨光斌，中国人民大学国际关系学院教授，长江学者
5. 陈岳，中国人民大学国际关系学院院长、教授
6. 方长平，中国人民大学国际关系学院副院长、教授
7. 秦宣，中国人民大学马克思主义学院教授
8. 王义桅，中国人民大学国际关系学院教授
9. 赵勇，中国人民大学经济学院副教授
10. 王文、贾晋京，中国人民大学重阳金融研究院执行院长、研究员
11. 李韬，北京大学新媒体研究院兼职研究员
12. 冯玉军，中国人民大学法学院教授

目　录

导言

全球治理的中国自信与自觉

靳　诺

“中国应对人类有较大贡献”。这种贡献越来越体现在全球治理层面。

习近平总书记在2016年新年贺词中说：“世界那么大，问题那么多，国际社会期待听到中国声音、看到中国方案，中国不能缺席。”

中国不能缺席，亮明了全球治理的中国自信。这种自信，源于改革开放所创造的发展奇迹，源于中国国内的治理成就，源于中国对推动世界脱贫致富、经济增长及人类和平与发展事业的巨大贡献。

全球治理的中国自信，源于我们的道路自信、理论自信、制度自信、文化自信。中国走出一条符合自身国情的发展道路，探索出一条既具有中国特色又具有普遍世界意义的工业化、城镇化及市场经济模式，客观上在鼓励越来越多的国家走符合自身国情的发展道路；中国提出实现中华民族伟大复兴的中国梦，正在激励越来越多国家的人民实现他们追求美好生活的梦想和人类文明共同复兴的愿望。

一

全球治理任重道远，为何中国不能缺席？

首先是中国与世界日益形成一损俱损、一荣俱荣的命运共同体。过去，我们强调，把中国的事情做好，就是对世界最大的贡献。今天，我们生活在中国与世界高度相互依存的世界，世界不扫，很难扫一屋。全球治理格局取决于国际力量对比，全球治理体系变革源于国际力量对比变化。实现国内治理体系和治理能力现代化，实现中华民族的伟大复兴，提升发展中国家权益，均离不开全球治理体系改革。要成为新的世界领导型国家，中国应更加积极参与全球治理，推动国际体系变革，增强制度性话语权。

其次是世界呼唤。古人云："不谋万世者，不足谋一时。不谋全局者，不足谋一域。"[①] 全球治理要下好先手棋，着眼于世界大势，引领未来格局变迁。习近平总书记指出，随着时代发展，现行全球治理体系不适应的地方越来越多，国际社会对变革全球治理体系的呼声越来越高。推动全球治理体系变革是国际社会大家庭的事，要坚持共商共建共享原则，使关于全球治理体系变革的主张转化为各方共识，形成一致行动。要坚持为发展中国家发声，加强同发展中国家团结合作。正如习近平总书记所指出的："不仅要看到我国发展对国际环境的要求，也要看到国际社会对我国的要求和期待。"[②] 因此，中国全面

---

① 陈澹然：《寤言·迁都建藩议》。

② 中国与世界的紧密联系展现中国外交的广阔前景：三论贯彻落实中央外事工作会议精神．人民日报，2014-12-03（01）.

而深入地参与全球治理乃是世界的呼唤，体现了中国担当。

中国参与全球治理，不只是出于更好地确保自身权益，提升中国的制度性国际话语权的考虑，也是改变“有治无理”、“有理无治”的世界治理局面的行动。所谓“有治无理”，就是当今全球治理的话语权由发达国家把持、发展中国家被边缘化的局面；所谓“有理无治”，就是我们有全球治理的理念但影响力不够的现状。中国参与全球治理，就是要实现“有治有理”。中国是最大的发展中国家、最大的新兴大国、最大的社会主义国家，又是世界第二大经济体、东方文明古国，多重身份的优势，使得中国在全球治理中能发挥好倡导者、协调者、推动者作用。

二

党的十八大以来，奋发有为的中国外交，越来越着眼于国际公共产品的提供。中国正在实现从全球治理的参与者、建设者到改革者角色的转变，这一转变体现在以下三个方面：

——器物层面：物质性公共产品。全球金融危机爆发以来，中国成为世界经济增长的主要引擎，平均三成的世界经济增长来自中国经济的拉动，超过第二位美国贡献的一倍。为推动国际社会实现联合国2030年可持续发展目标，习近平主席在联合国成立60周年峰会上宣布中国将设立“南南合作援助基金”，首期提供20亿美元，支持发展中国家落实2015年后发展议程；中国将继续增加对最不发达国家投资，力争2030年达到120亿美元；中国将免除对有关最不发达国家、内陆发展中国家、小岛屿发展中国家截至2015年底到期未还的政府间无息贷款债务；中国将设立国际发展知识中心，同各国一道研究和交流适合各自国情的发展理论和发展实践；中国倡议探讨构建全球能源互联网，推动以清洁和绿色方式满足全球电力需求……这一系列举措均体现了中国“己欲立而立人，己欲达而达人”的胸怀与担当。

——制度层面：制度性公共产品。中国发起成立包括亚洲基础设施投资银行（亚投行）等在内的新型多边金融机构，促成国际货币基金组织完成份额和治理机制改革。亚投行、金砖国家新开发银行和“一带一路”倡议，是“源于中国而属于世界”的制度设计贡献：亚投行不仅激励国际金融体系变革，也在开创21世纪全球治理新路径——“Lean，Clean，Green”（精益、清洁、绿色）；“一带一路”聚焦构建互利合作网络、新型合作模式、多元合作平台，倡导政策沟通、设施联通、贸易畅通、资金融通、民心相通等“五通”，旨在构建互利合作网络、新型合作模式、多元合作平台，携手打造绿色丝绸之路、健康丝绸之路、智力丝绸之路、和平丝绸之路，为全球治理贡献中国方案。

——精神层面：观念性公共产品。党的十八届五中全会确立了创新、协调、绿色、开放、共享的五大发展理念，越来越多地获得国际社会的认同。共同、综合、合作、可持续的亚洲安全观也在不断产生示范、对比效应，助推亚洲乃至世界摈弃冷战思维和零和博弈思想。中国秉承“天下为公”理念，积极参与制定海洋、极地、网络、外空、核安全、反腐败、气候变化等新兴领域治理规则，推动改革全球治理体系中不公正不合理的安排。中国倡导的合作共赢的新型国际关系和全球伙伴关系，正在塑造和引领国际合作新模式。“一带一路”倡议更是激活了“和平合作、开放包容、互学互鉴、互利共赢”的丝路精神，在探寻21世纪人类共同价值体系、建设人类命运共同体的历程中，展示了全球治理的东方智慧。

三

中国参与全球治理，源于全球经济治理又超越全球经济治理。2016年10月13至15日，“2016中国共产党与世界对话会”在重庆召开。会议围绕“全球经济治理创新：政党的主张和作为”这一主题，就中国共产党与中国政府对于全球治理的理念与实践进行了深入讨论，系统总结和概括了中国共产党与中国政府关于全球经济治理的核心理念——“开放包容、合作共赢、循序渐进、标本兼治、务实有效”，得到了与会的世界50多个国家的70多个主要政党和政治组织领导人的高度赞赏。

——开放包容：不搞远近亲疏和排他性安排，不以意识形态和价值观划线，防止治理机制封闭化和规则碎片化。

——合作共赢：树立人类命运共同体意识，积极倡导以合作共赢为核心的新型全球治理理念，坚持以合作为动力，以共赢为目标，共商规则、共建机制，共迎挑战、共享成果。

——循序渐进：对现有全球经济治理体制机制中一些不公正不合理的安排进行渐进改革、不断完善，而不是推倒重来。中国倡导的新机制新倡议，不是为了另起炉灶，而是对现有国际机制的有益补充，是符合时代要求的创新完善。

——标本兼治：全球经济治理既要做好短期的危机应对，更要推动着眼长远的结构性改革；既注意解决紧迫的安全问题，更要突出发展这个重点；既要提高治理效率，更要兼顾公平。

——务实有效：从需要做、能够做、必须做的事情做起，把已经达成的共识落实在行动上。要重实际、求实效，在全球金融治理、贸易和投资治理、能源治理等方面，尽快取得早期收获，让治理成果惠及世界各国，让各国民众有更多获得感。[①]

四

基于这些理念，全球治理的中国自信正在变成中国的自觉行动，即自觉地把中国国内改革开放与全球治理密切联系。

习近平总书记指出，党的十八大以来，我们提出践行正确义利观，推动构建以合作共赢为核心的新型国际关系，打造人类命运共同体，打造遍布全球的伙伴关系网络，倡导共同、综合、合作、可持续的安全观，等等。这些理念得到国际社会广泛欢迎。因此，要继续向国际社会阐释我们关于推动全球治理体系变革的理念，坚持要合作不要对抗，要双赢、多赢、共赢不要单赢，不断寻求最大公约数、扩大合作面，引导各方形成共识，加强协调合作，共同推动全球治理体系变革。

近年来，为更好地参与全球经济治理，中国积极与国际经济组织合作，进而推动全球经济治理体系的变革。2016 年 7 月 22 日，中国政府在北京与世界银行、国际货币基金组织、世界贸易组织、国际劳工组织、经济合作与发展组织和金融稳定理事会等 6 家国际经济组织共同举行前所未有的“1＋6”圆桌对话会并发表联合新闻稿，明确提出：“有必要根据世界经济发展形势不断完善和改革国际经济治理体系，提高新兴经济体和发展中国家的发言权和代表性。在此过程中，

---

① “2016 中国共产党与世界对话会”在重庆开幕．人民日报，2016－10－15（03）．

各与会国际组织欢迎中国继续发挥建设性作用。全球性挑战、全球公共产品和全球协调行动需要全球性治理和称职、有效的全球性机构。”[1] 中国与六大国际经济组织的对话机制再次表明，中国是全球治理体系变革的主要参加者、推动者和建设者。

2016年，中国担任二十国集团（G20）轮值主席国，成功地举办了二十国集团领导人杭州峰会。在这次峰会上，习近平主席首次全面阐释了中国的全球经济治理观，首次把创新作为核心成果，首次把发展议题置于全球宏观政策协调的突出位置，首次形成全球多边投资规则框架，首次发布气候变化问题主席声明，首次把绿色金融列入二十国集团议程。G20杭州峰会是全球治理转型中的重要转折点。G20杭州峰会表明，中国更加重视全球治理、更自信和更有力地通过推动大国合作实现全球协调，从而实现维护世界和平、推动世界秩序朝向更加公正、合理的方向发展的目标。

要特别指出的是，中国提出和推进的对于全球经济和世界和平具有重大意义的“一带一路”倡议，已经得到上述主要国际经济组织的重视。该倡议提出三年以来，已经有100多个国家和国际组织参与其中，中国同30多个沿线国家签署了共建“一带一路”合作协议、同20多个国家开展国际产能合作，联合国等国际组织也态度积极。以亚投行、丝路基金为代表的金融合作不断深入，一批有影响力的标志性项目逐步落地。“一带一路”建设从无到有、由点及面，进度和成果超出预期，究其原因，是因为“一带一路”倡议助推各国实现脱贫致富和文明复兴的共同梦想，并推动了联合国2030年可持续发展目标的实现。“一带一路”成为中国推进全球经济治理的重要探索。有意

---

① “1+6”圆桌对话会联合新闻稿．新华网，2016-07-22.

思的是，“一带一路”的成功在一百年前就有预言：“可以毫不夸张地说，这条交通干线（丝绸之路）是穿越整个旧世界的最长的路。从文化-历史的观点看，这是联结地球上存在过的各民族和各大陆的最重要的纽带。……中国政府如能使丝绸之路重新复苏，并使用现代交通手段，必将对人类有所贡献，同时也为自己树起一座丰碑。”[①]

以上种种表明，中国参与全球治理，顺应了时代需求，反映了国际公意。2016 年 5 月 17 日，习近平总书记在全国哲学社会科学工作座谈会上的讲话中指出：中国要“有更强能力去解决世界性问题”，“更强能力为解决世界性问题提供思路和办法”[②]。2016 年 7 月 1 日，习近平总书记在庆祝中国共产党成立 95 周年大会上指出：“中国共产党人和中国人民完全有信心为人类对更好社会制度的探索提供中国方案。”[③] 今后，全球治理的中国方案、中国主张、中国倡议、中国印记会越来越多。

五

2015 年 10 月 12 日下午，中共中央政治局就全球治理格局和全球治理体制进行第二十七次集体学习。习近平总书记在这次学习会上指出：“全球治理体制变革正处在历史转折点上”，“加强全球治理、推进全球治理体制变革已是大势所趋”，“我们提出‘一带一路’倡议、建立以合作共赢为核心的新型国际关系、坚持正确义利观、构建人类

① 斯文·赫定．丝绸之路．江红，李佩娟，译．乌鲁木齐：新疆人民出版社，2013：206，210.

② 习近平．在哲学社会科学工作座谈会上的讲话．人民网，2016－05－18.

③ 习近平．在庆祝中国共产党成立 95 周年大会上的讲话．新华网，2016－07－01.

命运共同体等理念和举措，顺应时代潮流”，“全球治理体制变革离不开理念的引领”，“要加强能力建设和战略投入，加强对全球治理的理论研究，高度重视全球治理方面的人才培养”①。

2016年9月27日，中共中央政治局就二十国集团领导人峰会和全球治理体系变革进行第三十五次集体学习。在中共历史上，如此重视全球治理问题是前所未有的。习近平总书记在这次集体学习中强调，随着国际力量对比消长变化和全球性挑战日益增多，加强全球治理、推动全球治理体系变革是大势所趋。我们要抓住机遇、顺势而为，推动国际秩序朝着更加公正合理的方向发展，更好维护我国和广大发展中国家共同利益，为实现“两个一百年”奋斗目标、实现中华民族伟大复兴的中国梦营造更加有利的外部条件，为促进人类和平与发展的崇高事业做出更大贡献。②

近两年来，中共中央政治局就全球治理格局和全球治理体系变革连续进行两次集体学习，其意义非同寻常。这是从全球治理的“中国自信”迈向“中国自觉”的标志。这充分表明全球治理日益成为中国与世界关系的重要内涵，体现了崛起中国和全球中国的时代担当，也为高校开展全球治理研究指明了方向。

改革开放以来，中国人民大学各门社会科学学科都深度涉及了对全球化的认识和对全球问题解决方案的探索，取得了一些重要的研究成果，是国内最早开展全球化、全球问题、全球治理研究的高校。我校不少学者就全球治理发表了许多重要论文和专著。早在2007年，中国人民大学即在国内率先成立了全球治理研究中心，而在2015年

① 习近平．推动全球治理体制更加公正更加合理．新华网，2015－10－13.

② 习近平．加强合作推动全球治理体系变革　共同促进人类和平与发展崇高事业．新华网，2016－09－28.

正式成立的国家发展与战略研究院的中心日程之一，即是配合国家在新时期的战略需求开展全球治理研究。在教学方面，中国人民大学是国内为本科生和研究生开设“全球治理概论”“全球问题与全球治理”“中国与全球治理”“全球治理与外交”等专业课程最早的高校。最近几年，有关学院和导师在此研究方向下招收了多名博士研究生。

为了战略地、长远地、多学科地认识中国在全球治理中所发挥的重大作用的理论意义与政策含义，并推动国内对全球治理的深入研究，我们组织了中国人民大学等学术机构的部分学者集体编写了本书。我们深信，全球治理的“中国自信”与“中国自觉”，是时代的呼唤。真正的全球治理不是“美国治理世界”或者“西方治理世界”，而是世界各国——尤其是代表人类大多数的发展中国家——根据《联合国宪章》和其他公认的国际关系准则应对全球性挑战的集体行动。全球治理必须是真正全球的。

本书分为两大部分。前半部分是理论探讨。其中，庞中英探讨了全球治理的逻辑起点：从西方性到全球性；金灿荣分析了全球治理的中国期待：为什么中国不能缺席；杨光斌剖析了全球治理的中国基础：中国制度的比较优势；陈岳探讨了全球治理的中国角色：参与者、建设者、引领者。后半部分则集中分析全球治理的中国探索。其中，秦宣探讨了全球治理的中国情怀：寻求人类价值最大公约数；方长平探讨了全球治理的中国理念：新型国际关系与新安全观；李韬探讨了全球治理的中国主张：打造网络空间命运共同体；王义桅探讨了全球治理的中国倡议：“一带一路”的中国智慧；赵勇探讨了全球治理的中国方案：亚投行与全球金融体系变革；王文和贾晋京探讨了全球治理的中国作为：G20与国际秩序；冯玉军探讨了全球治理的中国尝试：国际关系法治化。

习近平总书记指出，要提高我国参与全球治理的能力，着力增强规则制定能力、议程设置能力、舆论宣传能力、统筹协调能力。参与全球治理需要一大批熟悉党和国家方针政策、了解我国国情、具有全球视野、熟练运用外语、通晓国际规则、精通国际谈判的专业人才。要加强全球治理人才队伍建设，突破人才瓶颈，做好人才储备，为我国参与全球治理提供有力人才支撑。要加大对网络、极地、深海、外空等新兴领域规则制定的参与，加大对教育交流、文明对话、生态建设等领域的合作机制和项目支持力度。

习总书记的重要论述，为高校学科建设和智库建设提出了新要求。2017 年，中国将举办第九届金砖国家峰会和“一带一路”国际合作高峰论坛，而届时中国人民大学也将迎来 80 周年校庆，可以说是时不我待。为更好发挥中国在全球治理中的作用，社会科学理论研究与人才培养须得跟上。在这一过程中，作为由中国共产党所创立的新中国第一所大学，中国人民大学责无旁贷。本书是应时之作，应当之作，希望本书的出版有助于推动中国特色的全球治理研究及教学培训。

是为序。

第一篇：理论篇

第一章

全球治理的逻辑起点：从西方性到全球性

一、世界面对的严峻挑战：在全球范围和全球层次上的治理赤字

全球治理是在全球范围和全球层次上对问题的治理。早已公认的事实是：第一，世界问题的存在范围（场域）、影响范围是“全球的”（on a global scale）；第二，世界问题的存在层次是“全球层面的”（on the global level），即这样的问题不仅存在于国家以及国家之内的地区和国家之外的地区的各个层次上，而且主要存在于全球层次。因而如果问题是在全球范围和全球层次上出现的，那么解决问题的方法（方案）也相应地应出现在全球范围和全球层次上。

全球化在带来成就（尤其是普遍的经济增长、相互依存为基础的和平）的同时也带来问题。随着全球化的继续，世界的问题、威胁、挑战也在积累，因此，在全球范围和全球层次上对问题的治理更加必要。但是全球治理的真实情况到底如何？其回答是令人不安和失望的：世界并不存在希望的、预期的、设计的、主张的全球治理，而是

存在着巨大的“全球治理赤字”。

本文无从考证全球治理赤字从何时成为一个专有术语（话语），这一话语主要是强调总体上现存的全球治理所面对的严峻局面。从冷战结束后的20世纪90年代初，国际上就开始强力呼吁加强全球治理。例如，1992年成立的具有一定的全球代表性的“全球治理委员会”（已故钱嘉栋大使为中方委员）在1995年率先发表了影响深远的《天涯成比邻：全球治理委员会报告》（中国对外翻译出版公司，1995年版）①。进入21世纪，对全球治理赤字的研究增多，一系列该领域的专家学者和知名人士就此发表了看法。例如，法国学者和政治家拉米（Pascal Lamy）结合其担任WTO总干事的经验，系统地阐述了为什么全球化加速的情况下却没有相应的全球治理——全球治理赤字。② 此外，呼吁正视全球治理赤字的欧美学者不少。几位长期研究全球治理的英国学者合著有《大僵局：为什么我们最需要的全球治理却趋于失败》。③ 有的西方学者更是直接以全球治理赤字为题著述，如美国马萨诸塞大学（University of Massachusetts）政治学教授哈斯（Peter M. Haas）讨论了全球环境治理的赤字情况。④ 在中国，注意到全球治理赤字现象并对其加以学术讨论的学者也不少。秦亚青在研究国际权力转移和世界秩序时强调了“（全球）治理赤字”问题⑤。由中国社会科学院世界

---

① 该书英文原版由英国牛津大学出版社出版。

② LAMY P. The Raymond Aron lecture：is globalization in need of global governance. Washington：Brookings Institution.（2013－10－28）. http：//www. brookings. edu/～/media/events/2013/10/28-global-governance/20131028_aron_lecture_lamy_remarks. pdf.

③ HALE T，HELD D，YOUNGK. Gridlock：why global cooperation is failing when we need it most. Cambridge：Polity，2013.

④ HAAS P M. Addressing the global governance deflicit. Global Environmental Politics，2004，4（2）：1-15.

⑤ QIN Y. Power shift，Governance deficit and a sustainable global order. Economic and Political Studies，2013，1（1）.

经济与政治研究所和美国印第安纳大学中国政治与商务研究中心联合主持的研究报告《中美两国与全球治理：新时代的新议题》认为，全球治理赤字是严峻挑战，中美合作才能改善全球治理的赤字。尤其值得注意的是，该报告认为，那些认为“全球治理已经相对完备”的观点是错误的，因为“几乎没有清晰和现成的规则，以解决各方利益分歧”，并非“所有的全球治理规则都不约而同地鼓励开放、国民待遇和互惠”①。

“赤字”也叫“缺口”（gap），是低效（deficiencies）、不发挥作用（failed to work）或者失败（failures）的结果。不过，不同学者对赤字的理解不一样。有的学者明确指出赤字“并非民主赤字”（not democratic deficit），而只是在行政管理意义上“目前安排的实际和潜在效果”（between actual and potential effectiveness of current arrangements）之间的差异，即现有国际机构（国际组织）的绩效不尽如人意②。然而，全球治理赤字显然不仅是现有国际制度或者国际安排（如G20）没有达到预期的设计的效果这么简单。不仅如此，全球治理赤字主要是政治赤字，尤其是“民主赤字”，即目前的全球治理机构（如国际金融组织）中非西方国家的代表性、发言权缺乏导致了这些机构的低效和失败。英国著名国际政治经济学学者佩恩（Tony Payne）指出，世界上存在的一些非常严重的问题——例如大国协调的失败——已经破坏了而且继续破坏当前的（为了全球治理的）国际机制，并导致了严重的“全球治理赤字”，即全球治理机构（他指的

---

① KENNEDY S，HE F. US，China and global governance：a new agenda for a new era.（2013）. https：//www. indiana. edu/～ rccpb/wordpress/wp content/uploads/2015/11/A_New_Agenda_fo_a_New_Era. pdf.

② HAAS P M. Addressing the global governance deficit. Global Environmental Politics，2004，4（2）：1-15.

是诸如国际货币基金组织之类的全球性国际机构）并没有真正发挥作用。①

从研究的角度看，“赤字”是一种有效的以社会科学为基础的政策分析工具（方法），即借用财政分析方法或者“赤字”的隐喻强调某一议题的严重性。这一方法有助于理解问题和解决问题，即理解为什么发生赤字、如何改善或者解决“赤字”甚至进入没有赤字的良好状态。

作为本书的一章，本文将讨论什么是全球治理赤字、为什么存在全球治理赤字、如何解决全球治理赤字、中国与全球治理赤字的解决等问题。

二、什么是全球治理赤字？

对全球治理赤字的理解不尽相同。本文的理解如下：

全球治理赤字并不是一个新的现象。冷战时，以美苏为两极，东西对抗，第三世界兴起，联合国陷入瘫痪，联合国安理会无法应对全球安全挑战——联合国本来是通过集体安全体制实现全球安全治理的。这一情况是典型的全球治理赤字，尤其是全球安全治理赤字。这一状况从 20 世纪 40 年代末一直持续到 80 年代末。不过，冷战的最终结束使联合国在维护世界和平中的作用逐步发挥出来。例如，联合国维和行动在冷战后得到加强，中国等国家转变态度与政策，积极参

① PAYNE T. The coming crisis：why global governance doesn't really work.（2016）. http：//speri. dept. shef. ac. uk/2016/06/15/the-coming-crisis-why-global-governance-doesnt-really-work/.

加了联合国维和行动。联合国也试图在冷战结束的背景下展开深刻改革，可惜从 20 世纪 90 年代初到现在，20 多年过去了，尽管雄心勃勃、讨论热烈，但联合国改革的实际进展有限，全球安全治理赤字并没有因为联合国改革得到根本弥补。在缺少有效的全球安全治理的情况下，美国及其同盟（北约）绕过联合国发动了阿富汗和伊拉克两场大的局部战争，深度干涉了中东和北非事务。而在亚太地区，联合国在亚太安全中的作用几乎到了忽略不计的地步，以美国为中心的同盟体系在地区安全治理中继续占据着突出地位。在解决诸如朝核问题等挑战上，不是联合国而是大国协调（“六方会谈”）发挥着特定的危机管理的作用，因此东北亚地区严重缺少包容性的多边安全治理。

作为二战的战胜国，美英从自身统治世界的长远利益考虑设计了 1944—1945 年时的国际制度：联合国并不具有全球经济治理功能，担当全球经济治理的不是联合国，而是在联合国体系之外的国际经济组织，即管理国际货币关系的布雷顿森林体系（Bretton Woods system）和管理国际贸易的关税与贸易总协定（GATT），20 世纪 70 年代和 90 年代以后，二者分别演变为国际金融机构（IFIs）和世界贸易组织（WTO）。无论是联合国还是国际经济组织的建立，都表明二战后西方（欧美）在全球治理中占主导地位。也就是说，美欧不仅处在设计或者制定全球治理的国际规则的地位，而且在控制或者主导国际机构。其他国家，即使是诸如中国这样的世界大国，也大多不是国际规则的制定者。这就导致了现有国际机构的正当性（legitimacy）问题——非西方国家的代表性、发言权、决策权问题越来越突出。1944 年以来，美欧分别牢牢控制了世界银行（WB）和国际货币基金组织（IMF），而来自其他国家的人士试图担任世界银行和国际货币基金组织的最高主管却从来没有成功的先例。

20 世纪 60 年代诞生的经济合作与发展组织（OECD）和 20 世纪 70 年代诞生的七国集团（G7）等以西方国家为主导的国际组织或者国际会议在管理、调节和控制世界经济方面一直发挥着中心作用，但是 2008 年发生的金融危机表明，这些机构或者组织已经无法应对全球性的危机。这一情况反映了系统性的、结构性的全球治理赤字。实际上，在 1997 年亚洲金融危机爆发后，一些西方国家的领导人就认识到现存的国际金融治理体系无法预防下一次金融危机（如最早建议成立二十国集团的时任加拿大财长保罗·马丁等）。于是，在 G7 等发达国家经济体的提议下，1999 年成立了包括中国等“新兴经济体”在内的二十国集团（以下简称 G20），但是最初 G20 的参加者仅限于 19 个最大的经济体与欧盟的财政部长和中央银行行长，到 2008 年这一部长级会议升级为国家领导人会议（政治峰会）。不过，在 2008—2010 年期间，G20 峰会主要是一种临时性的危机管理机制，还不足以解决长期的深层次的全球金融治理赤字问题。为了解决全球经济治理赤字，从 2011 年以后，G20 试图逐步走向全球经济治理的“长效解决机制”。本文后面的分析将说明，为什么 G20 是填补全球治理赤字的有效方法。

在 1945 年以前绝不存在或者说存在着并不严重的全球性挑战，在 20 世纪后期以后逐步明显化，且日益严重，例如气候变化和恐怖主义。而全球公共资源——公域（global commons）——尤其是公海（high seas）、大气层（atmosphere）、外层空间（ outer space ）、极地（Antarctic）和网络空间（cyberspace）等对各国和各社会的生存、发展越来越重要，但对于它们却严重缺少权威而有效的全球治理。目前，相关的国际规则和国际机制不是多样混乱且充满冲突，就是不成熟、不完善，各国尤其是有实力的大国对全球公域的争夺日益剧烈。

总之，国际公认的结论是，全球治理赤字是现实，我们这个全球化的世界需要全球治理却严重缺少全球治理，目前的全球性机构没有发挥出全球治理的应有作用。

三、 为什么存在全球治理赤字?

全球治理是关于全球针对上述共同挑战和威胁的“国际集体行动”。一些谈论全球治理或者提及全球治理的人往往忽略了或者没有足够强调全球治理的“国际集体行动”性质。任何单一国家或者国家集团（如欧盟），即使为超级大国（美国）或者最一体化的地区组织（欧盟），其政治家、学者和非政府组织也承认美国或者其他国家不可能单独行动，即任何一个国家或者国家集团已经不可能单独成功地解决世界上存在的严重问题，除了国际合作，没有解决这些问题的其他可能。

讨论全球治理以及其赤字离不开对全球化的深刻认识。从 20 世纪 70 年代末开始，中国、印度等世界上的人口大国逐步全面参与全球化，并成为当今全球化（进程）中的最主要的国家行为体。经历了全球化飞速发展的 20 世纪 90 年代和 21 世纪第一个 10 年，由于各国内部和国际的各种因素，如今全球化在减速、减弱，甚至停滞。但全球化的减速并不意味着全球化的深远影响就可以忽略。我们生活的世界已经是全球化的世界，这一点是确定无疑的。全球治理就是对全球化带来的挑战和问题的管理。①

---

① 2000 年，著名自由制度主义国际关系理论大师基欧汉（Robert O. Keohane）在就任美国政治学会（American Political Science Association）会长时发表了就职演讲《在部分全球化的世界的治理》，在 2001 年，基欧汉的长期研究合作伙伴、著名国际关系理论大师约瑟夫·奈（Joseph Nye）主编了论文集《（在）全球化世界的治理》（中文版于 2003 年由世界知识出版社出版），强调全球治理就是对全球化的管理。

全球化，尤其是经济意义上的全球化，其主要驱动力量无疑不是别的，而是市场或者资本以及由市场或者资本驱动的技术革命，但市场、资本、技术变革等并非新现象，其在工业革命以来的时代都多次发生。全球化在带来世界经济繁荣和技术进步并对人们生活方式的改善和改变的同时，必然伴随其产生的问题。当代的全球化的问题和以前全球化带来的问题在形式上不同，但在本质上是几乎一致的。前世贸组织总干事拉米和前世界银行副行长伊恩·戈尔丁（Ian Goldin）在其联合文章中指出“（世界）未来的不确定性和风险很大”。世界的不确定性和风险有的来自于我们世界取得的成功，例如“不断上升的收入，人口增长，人类和各社会的相互依存以及技术进步”，有的则来自“地球自然资源的急剧减少，不断增加的社会不平等，以及对新技术的滥用”，例如环境恶化、气候变化等。他们忧心地指出，对于全球而言，一些挑战是灾难性、毁灭性的。[①] 全球化带来的问题到底如何进行治理？这一课题是冷战结束后国际社会科学面对的最大挑战之一。之所以说存在着全球治理赤字，是因为世界尚未找到解决全球化带来的问题的有效办法。不过这一情况也许将得到改善，因为人们普遍认识到全球治理赤字，意识到全球治理赤字的危害，也在寻求新的方法解决全球治理赤字。

历史上，解决问题主要是在民族国家——古典的政治体制——范围内，但是，全球化使大多数、主要的问题都变成全球的，在一国范围内，即使对问题有所解决，也不是一劳永逸的，而在大多数情况下，解决问题取决于国际合作。因为问题变得不再仅仅是局限在一个

---

① LAMY P，GOLDIN I. Rethinking international institutions.（2013）. https：//www.project-syndicate.org/commentary/pascal-lamy-and-ian-goldinpropose-mechanisms-for-improving-global-governance-and-cooperation.

国家范围内，而是使所有国家都置身于同一个“大海”之中。气候变化、传染性疾病、金融稳定、网络安全等只有全球集体行动才能控制或者解决。①

冷战结束后20多年来，关于全球化和全球治理的讨论得出的最重要结论之一是：要解决民族国家存在的各种问题，恰恰要超越民族国家体制。当前，在世界范围内出现了民族主义（国家主义）回潮，但是民族主义回潮恰恰是因为全球化已经深入到了几乎不可能逆转的地步，改变不了从20世纪70年代以来世界相互依存（interdependency）的现实。目前，全球化中的相对或者绝对受害者、失败者等通过其所在的国内政治进程向全球化施加作用，反对目前的地区治理机构（如欧盟）和全球治理机构（如国际货币基金组织和世界贸易组织）所进一步推动的全球化（“反全球化”），这使得以地区组织和国际经济组织为代表所推动的全球治理变得困难。2016年，要求英国脱离欧盟的英国选民和美国大选中主张美国回到“孤立主义”和排外的选民恰恰更需要、更希望得到民族国家（英国或者美国）的保护和救济，而不是寄希望于改进了的全球治理。全球治理距离他们很远，他们也不能通过手中的选票影响现有全球治理机构的决策更有助于改善他们的处境。所以，这形成了一个深刻的全球治理困境。

严格地说，在国家和国家组成的国际体系（国际社会）仍然存在的情况下，真正的全球治理其实并不存在，只存在国际治理。目前人们把全球治理与国际治理相提并论，反映了对全球治理的迫切需要和推动国际治理走向全球治理的决定。然而，国际治理转型为全球治理

① LAMY P，GOLDIN I. Rethinking international institutions.（2013）. https：//www. project-syndicate. org/commentary/pascal-lamy-and-ian-goldinpropose-mechanisms-for-improving-global-governance-and-cooperation.

并不容易。正是目前的国际治理［即国际（国家之间）体制］而不是全球体制，从根本上导致了“全球治理赤字”。拉米和戈尔丁指出，国际体制依靠国际合作，国际合作的形式是条约、准则、交易、制度和项目，它们构成国际体制的砖瓦和柱子。[①] 这些合作都取决于民族国家的主权是否有意“进入”或者“退出”，尽管许多国际组织（如欧盟、世界贸易组织等）的“退出”非常难，甚至事实上没有退出机制——到目前为止，只有世界大战和大屠杀才导致了欧洲在 1945 年以后下决心摆脱 17 世纪后期逐步形成的威斯特法利亚体系（Westphalia system）。但是在世界范围内，联合国体系仍然是建立在威斯特伐利亚体系最重要的产物——主权国家基础上的。虽然欧盟是后威斯特伐利亚体系（post-Westphalia system）的产物，但是英国决定脱离欧盟表明欧盟的未来是不确定的。建立欧盟避免世界大战的和平初衷正在欧洲逐渐被人们遗忘，和平被视为当然，欧盟成为民族主义、民粹主义的批评对象。

全球治理赤字的另一个原因是全球化产生了新的利益相关者（stakeholder），这些新的利益相关者，尤其是新兴经济体（包括中国、印度、巴西、土耳其等）也产生了对全球治理的强大需求。这些国家对国际贸易和国际移民管理以及宏观经济政策的国际协调的依赖日益加深，以至于它们纷纷全面参加已有的国际组织，对已有的国际组织的结构（包括权力结构）带来巨大的冲击和改变。在国际体制内部的新兴经济体要求改革国际体制——印度、巴西等强烈要求改革联合国安理会，而中国等则强烈要求改革国际金融组织。从西方的角度

---

① LAMY P，GOLDIN I. Rethinking international institutions.（2013）. https：//www. project-syndicate. org/commentary/pascal-lamy-and-ian-goldinpropose-mechanisms-for-improving-global-governance-and-cooperation.

看，新兴经济体在现有国际治理体制内要求改革确实是一种挑战，其带来了现有国际体制的不稳定。在国际体制的转型（包括其权力结构的转型）时期，一方面，一些新兴大国热衷于国际治理中的权力转移而并不真正在乎全球治理，另一方面，原来主导全球治理的西方国家担心新兴国家对其统治世界的工具——国际制度的冲击。总之，在现存的国际体制中，无论是老牌大国还是新兴大国，其目的是争权夺利而不是真正的全球治理，这就导致了新兴大国在现有国际体制中崛起却没有形成新的国际秩序的情况，这是全球治理赤字存在的一个根本原因。

四、如何解决全球治理赤字？

全球治理从本质上讲是最难实现的。全球化的世界要求整体的和综合的解决方案（全球政策），但各国分立，宏观政策的协调与合作又十分困难，大国之间很难达成一致去管理全球化。拉米指出，目前的全球治理赤字，可能将长期存在。[①] 英国谢菲尔德大学政治经济学研究所（SPERI）所长托尼·佩恩（Tony Payne）指出了一个常常为人忽略的“最大问题”：西方国家的领袖其实并“不想要有效的全球治理”！这一观察是惊人的。为什么？佩恩认为，这是由全球治理的性质决定的。全球治理意味着公共（公众）治理，全球治理意味着指导和调控，全球治理意味着控制过度的金融和资本主义，全球治理意

① LAMY P. The Raymond Aron lecture：is globalization in need of global governance. Washington：Brookings Institution.（2013－10－28）. http：//www. brookings. edu/～/media/events/2013/10/28-global-governance/20131028_aron_lecture_lamy_remarks. pdf.

味着全球对全球经济的引导。总之，他认为全球治理本质上是一个社会民主概念，而不是任何其他意义上的，而主导目前国际体制的国家领导人并不想要这样的全球治理：一方面，他们认为全球金融、投资和贸易要基于规则，但另一方面，他们更情愿私有化、公司化类型的全球治理，例如正在进行中的跨大西洋贸易与投资伙伴协定（Transatlantic Trade and Investment Partnership，TTIP）等。一句话，全球治理仍然取决于世界上最强大的国家的作为。①

不过，全球治理的高难度并不意味着全球治理就不可能。全球治理赤字是可以填补的。目前，总体来看，改善和填补全球治理赤字的方法基本有三个：

第一个是改革现有的全球治理及其体制（全球性机构或者制度）。改革的目的是使这些已有的机构民主化和正当化（合法化）。所谓"民主化"有两个含义，一个是按照《联合国宪章》的原则实现中国、印度、欧盟等在20世纪90年代末就提出的"国际关系的民主化"或者"民主化全球治理"；另一个是在"国际关系民主化"或者"民主化全球治理"的基础上，充分发挥非政府的、社会（公众）的力量对全球治理的参与，即"民主化全球治理"。所谓"正当化"即现有的国际体制（国际组织）中的大国主导或者超级大国（霸权）和弱小国家的代表性不足的局面需要改变。目前，对联合国及其安理会，尤其是安理会的改革陷入僵局。但是，正是这种对联合国及其安理会的改革，使联合国与其安理会不得不寻求其存在的正当性，提高其效能和效率，履行联合国的使命，尤其是推动全球治理的转型，进而在改善

---

① PAYNE T. The coming crisis：why global governance doesn't really work.（2016）. http：//speri. dept. shef. ac. uk/2016/06/15/the-coming-crisis-why-global-governance-doesnt-really-work/.

全球治理赤字上发挥更加重大的作用。可以说，改革联合国及其安理会终归是大势所趋、不可避免。现在的问题不是联合国是否应被改革，而是如何改革。尽管一些联合国成员以这种或者那种理由拖延改革，并且一些联合国成员谋求在安理会中发挥更大作用的目的并非是为了全球治理，而是为了其狭隘的“国家利益”，但改革进程的坚持都有助于联合国本身在解决全球治理赤字上加强作用。虽然国际金融组织的改革在 2008 年金融危机后已经取得了一些进展，但这些进展距离“现代化”这些老旧的国际机构仍然很远。关于世界贸易组织的改革也在进行之中，但是目前的地区性或者跨地区性（如跨太平洋和跨大西洋）贸易与投资安排，以及最大经济体之间的双边经济安排等都对 WTO 构成了挑战，但与此同时它们又在为以 WTO 为中心的下一代全球贸易治理的形成提供了基础。

改革已有的全球治理机构需要在方法上进行创新。英国牛津大学马丁学院的“未来世代委员会”（Oxford Martin Commission for Future Generations）就在努力探讨新的全球治理改革的方法，提出了以集体形式抓住超常机会以管理空前全球化的世界的不确定性和风险的创新解决方案。该委员会认为，关于全球治理的变革取得激进性进展的可能性不大，选择必需的变革才是现实的。即使是必需的变革，也不会一夜之间取得进展。最关键是在全球范围内，各国政府、商界和公民社会应着眼长远，以持久和平、可持续的繁荣、包容、公平为目标，进而取得最大限度的共识并采取最大限度的集体行动。[①]

第二个是充分发挥联合国及其成员国的主导作用。联合国不畏艰

① Oxford Martin Commission for Future Generations. Now for the long term. (2014). http://www.oxfordmartin.ox.ac.uk/downloads/commission/Oxford_Martin_Now_for_the_Long_Term.pdf.

难，在气候变化和可持续发展方面取得了进展。历经长期的曲折，气候变化治理终于取得了阶段性的重大进展：达成《巴黎协定》。《巴黎协定》的达成，构成了全球治理的一个重大转折点，树立了全球治理的最新典范。当然，对这一重大全球协议的贯彻执行并不乐观。国际知名气候变化政策专家、世界资源研究所气候项目负责人珍妮弗·摩根（Jennifer Morgan）认为，《巴黎协定》是多边主义和气候行动的成功开始：首先，该协定把包括气候治理在内的全球治理进程建立在经济可行的基础上，让全球治理在经济上对国家和国家内部的各种经济力量具有吸引力，符合市场规律，即让全球治理“具有经济性”。具体到气候变化问题上，就是“具有经济性的零碳经济”。“在实体经济上，向低碳经济的转型正在切实以更具经济性的方式发生：得益于诸如德国和中国这样的国家的政策驱动，可再生能源的价格有了大幅下降，同时包括中国在内的很多国家减少了对煤炭的消费。从2009年哥本哈根世界气候大会到2015年底的巴黎世界气候大会，上述因素导致了两次大会的结果有很大不同：曾经被视为威胁经济发展的诸多因素，现在都变成了新经济发展的核心驱动力。此外，对于气候变化所带来的对基础设施的影响和对农业的影响，人们现在已有了比以往更深刻的认识，这也促进了实体经济的发展方式向低碳经济的转型。其次，一些关键大国国内政策的转变最为重要。以美国为例，摩根认为，从2009年到现在，美国从一个几乎没有针对气候变化的政策的国家，到现在已经有了全国范围内具有约束力的《气候行动计划》，种种这些都体现出了这种政策的转变。毋庸置疑，美国还需要做出更多努力，但是美国的行动意味着其他国家再不能把美国的“不作为”当作自己的挡箭牌了。最后，国家间的协同互动也是促成巴黎气候谈判成功的因素之一，其中要特别指出的是中美之间的互动。从数据上来说，中美两个排放量排名数一数二的国家理应如此，且从政治上来说也是如此。摩根认为，中美的气候立场转变和合作的一个重要原因是其他国家对中美的推动——事实上，中美都需要这样的国际动力：正是以岛国为代表的国家所组成的“气候脆弱国家论坛”（Climate Vulnerable Forum）所做出的共同努力，才推动了中美等大国做出了超出计划的承诺。

第三是大国协调、大国合作、大国带头。如上所述，在联合国主导的气候治理进程中，大国合作也是其取得进展的关键因素之一。再以全球金融治理为例，大国合作在这一进程中至关重要。G20 是一个相对有限的但成功的大国协调机制。① 1999 年成立的 G20，一直到 2008 年都仅是一个新兴的国际金融论坛，由世界上 19 个最大的经济体和欧盟的财政部长与中央银行行长参加。所谓“新兴”，就是吸收包括中国、韩国、印度、印尼、沙特、巴西、南非、墨西哥、阿根廷等在内的“新兴经济体”参加现有的全球金融治理机制。2008 年，为应付席卷世界的金融危机，G20 被美国、英国和欧盟建议升级为国家首脑会议（政治峰会），并首先在美国华盛顿和英国伦敦举行了前两次峰会。奥巴马政府上台后，2009 年在美国匹兹堡举行了第三次 G20 峰会。自金融危机爆发到匹兹堡峰会，不到一年时间共举行了三次 G20 峰会。G20 峰会因此被称为应对金融危机挑战的“大国合作危机管理机制”。但尽管如此，G20 实际上仍然由以 G7 为代表的发达国家主导。而 G20 中的新兴经济体在 2009 年后组成了“金砖国家合作组织”（以下简称 BRICS）。BRICS 成员国的国家元首在 G20 峰会期间

① FUES T，MESSNER D. G20：concert of great powers or guardian of global well-being? (2016-09). http：//www. die-gdi. de/briefing-paper/article/g20-concert-of-great-powers-or-guardian-of-global-well-being/。

也举行协调会议，但是在G20内部G7国家和BRICS国家之间很难形成某种均势。在“危机管理”时期结束后，即从2010年以来，G20的协调与合作作用有限，其议题相应地亦转到相对容易的经济增长的新动力、基础设施投资、就业等上面来，在全球重大宏观经济政策的协调上并无大的突破。G20并没有变成匹兹堡峰会声明宣称的“国际经济合作的主要论坛”抑或是“全球经济的指导委员会”。与此同时，G7继续在全球经济治理中发号施令，尤其是2016年日本担任轮值G7主席国期间，G7显然被日本绑架，意欲与中国担任主席国的G20杭州峰会一决高下。①

第四是建设新的国际组织（国际制度）。现存国际体制即使改革完全到位，也无法解决全球治理赤字，因而改善全球治理赤字的重大举措是要建设新的国际机构（国际组织）。事实上，目前在全球层次上存在的政府间国际组织（包括诸如G7和G20等在内的多个国际组织），其大多数并非1944—1945年期间诞生的所谓“二战后”的国际安排，而是相对而言的“新兴国际组织”。但问题是这些“新兴的”国际组织大多数仍然是欧美等发达国家创设的或者主导的，例如经济合作与发展组织（OECD）、国际能源署（IEA）、国际原子能机构（IAEA）、国际移民组织（IOM）等，而“金融稳定委员会”（FSB）则更是G20机制主导下的新近产物。这里存在着一个严重的问题，即非西方国家在创设、建立和主导新的国际组织方面是严重乏力的。乏力的主要原因当然是非西方国家仍然主要以加入现有的西方主导的国际组织为主，无力（无论软实力还是硬实力）组织新的国际组织，但一个更重要的原因是西方国家并不希望由非西方国家出面发起和组织

① 庞中英，刘敬文．G20与全球经济治理的转型．当代世界，2016（8）：9-11.

新的国际组织。例如由中国发起成立的亚投行所引起的巨大国际争议和美日的反对，就清楚地说明了这一点。

实际上，世界对于新的国际组织的需求巨大，由中国发起成立的亚投行得到了包括欧洲主要国家的支持即为明例。如果要解决迫切的全球问题（如气候变化）、保证发展的可持续性、保护全球公域，那么世界就需要更多的国际组织。

第五是重视非国家行为体和各种网络在填补全球治理赤字中的作用。在全球范围和全球层次上，继 20 世纪末期以来的“大增长”之后，新的政治行为体仍然在涌现［这是所谓“（国际）权力扩散”的主要内容］，这使得全球治理的政治权威结构在发生着重大的变化。1945 年以后，尤其是 20 世纪 70 年代以来，诞生了许多新兴的国际组织，这些国际组织也是重要的国际行为体。但一些国际组织资金缺乏、机构重叠、人浮于事、官僚主义盛行、负担沉重、结构过时或者地理位置不适应于其全球活动，这些因素严重制约了它们在全球治理中发挥作用。如今，新的复合性的非集权的国际治理体制正在出现，各种各样的行为体在不同的层次上参与介入治理。但非国家行为体的不确定性很大，其与国家行为体的冲突、自身的合法性，及自身的可持续性等都是问题。因此，采取治理的非中央集权的网络方式，全球治理可能会取得一定进展。

五、 中国与全球治理赤字的解决

仅从经济的角度看，从 20 世纪 80 年代以来，中国对全球治理的需求一直在上升。最近几年，伴随着中国与世界形成了世界经济史上新的最大规模的相互依存（世界上大多数国家以中国为其主要甚至最大的贸易伙伴）、世界经济自2008年以来一直没有走出困境，以及中国经济如同其他新兴经济一样也在探索如何转型和升级等因素，使得中国更加需要全球治理。

但是，目前正是中国最需要全球治理的时候，全球治理赤字状况总体却并未改善。尽管全球治理有一些进展，如G20进程的继续、世界金融体系改革的继续、气候变化治理获得进展等，但总体而言全球化当前正在遭到重创，这一现状将势必加剧全球治理赤字。尤其是在欧美，“地方的和国家的认同在重新得到加强；要求更大的民主控制和责任性；中间主义政党遭遇冷遇；对精英和专家普遍不信任”[①]。种种这些势必会恶化全球治理赤字。

中国参加全球治理，需要清醒地意识到全球治理赤字，并对全球治理赤字进行客观与科学的评估。作为国际政治体系中的所谓新兴大国和世界经济体系中的新兴经济体，全球治理赤字有助于明确中国在未来全球治理中的作用。

目前，在现有世界秩序下，在面对国内巨大治理任务的同时，中国也应积极发挥作用填补全球治理赤字。第一，中国外交政策的原则是加强全球治理。其具体做法是在继续参加全球治理（参加者）的同时，还应致力于改革、补充、发展、完善已有的全球治理（改革者）。目前，中国还没有到能够创建由中国主导的国际经济秩序的时候，因此作为改革者，中国应该继续推动国际机构的改革，尤其是推动国际

---

① RODRIK D. The surprising thing about the backlash against globalization. World Economic Forum. (2016-07-15). https://www.weforum.org/agenda/2016/07/the-surprising-thing-about-the-backlash-against-globalization?utm_source=feedburner&utm_medium=feed&utm_campaign=Feed%3A+inside-the-world-economic-forum+(Inside+The+World+Economic+Forum).

金融组织和多边贸易体制（世界贸易组织）的改革。在这一过程中，中国应强调改革全球治理不仅是行政管理方面的，即单纯提高国际组织的效率是不够的，也应包括政治方面的，即促进国际组织的民主化和正当化。国际经济组织不能只要求中国等新兴大国只做贡献而不提高其在国际经济组织中的地位。第二，中国需要继续发起成立新的国际机构，做出新的国际安排（建设者）。亚投行的建立和开始运行是一个成功的例子，有许多经验可以总结，但是仅有亚投行是不够的——全球治理之所以有赤字，是因为由欧美国家发起建立的全球治理机构越来越少，而中国等国家只是刚刚开始真正发起建立全球治理机构。目前，中国尚未有一所联合国大学，以中国为总部的联合国体系的机构还不够。在对待中国发起的国际机构和国际安排方面，一些国家以中国挑战既有秩序为借口不去支持反而指责，这对于化解全球治理赤字非常不利。与美日不同，大多数欧盟国家和英国参加了亚投行等中国发起的国际组织，这是一个积极的进展，有助于增加中国发起成立的国际机构和国际安排的国际正当性。第三，弥补全球治理赤字，大国合作最为关键。作为大国，中国要积极推动大国协调（协调者），在全球治理至关重要的领域与其他大国积极合作。中国与美国、中国与欧盟、中国与印度、中国与巴西、中国与非盟、中国与南方共同市场等之间的协调与合作关系都是重要的战略性合作关系。中国要与有意愿在全球治理中承担更大责任、发挥更大作用的国家，如欧洲的德国、南美的巴西等国形成全球治理合作伙伴关系。虽然 G20 不是最优安排，但确实是较好安排，2016 年中国担任 G20 主席国之后，G20 的未来成功不在于其对于全球金融和经济领域的深度改革的探索，而是继续以全球金融治理为主，进而促进世界经济的可持续增长。

六、结论

赤字说明全球治理步履维艰。中国宣布要在全球治理中发挥重大作用，对全球治理来说当然是最好的消息。中国在全球治理中扮演了四个重要角色：参加者、改革者、建设者、协调者。如果这四大角色完全到位，相信全球治理赤字的状况将得到重要改善。不过，中国需要清醒意识到为什么全球治理存在赤字，且不能低估全球治理赤字，以及意识到国际合作的高难度，切忌简单化理解全球治理进而对其“叶公好龙”。否则，即使对全球治理加大投入，中国也难以改变全球治理赤字状况，反而有可能进一步加剧全球治理赤字，加剧全球治理的多元化状况。

第二章

全球治理的中国期待：中国不能缺席

2015 年 12 月 18 日，联合国安理会一致决议通过开启叙利亚和平进程，在当前混乱的世界形势中显得尤为珍贵。在中东地区，美国两场反恐战争造成的破坏尚未得到有效恢复，而延续了近五年的叙利亚内战又加剧了中东的动荡，此外，“伊斯兰国”的恐怖主义行为在带来严重人道主义灾难的同时也使得世界主要大国卷入中东的动乱。在亚洲地区，日本解禁集体自卫权为海外用兵破除了法律障碍，美国高调介入菲、越与中国在南海的海洋权益争端使南海局势更加复杂。在欧洲地区，北约东扩不断挤压俄罗斯的战略空间，俄格战争、乌克兰危机使得俄罗斯与欧洲关系紧张加剧。在欧盟内部，恐怖主义袭击、难民问题向欧洲的治理乃至欧盟内部的稳定提出了新的严峻挑战。在全球范围内，极端主义、恐怖主义的活动出现向全球扩散的现象，安理会的五大常任理事国均面临着恐怖主义的威胁，“伊斯兰国”的横空出世使恐怖主义活动达到了一个新的高潮。在经济发展方面，欧洲经济尚未完全摆脱欧债危机的影响，而虽然美国经济刚刚开始出现复苏的迹象，但是世界银行的数据显示2007年以来世界经济整体GDP的平均增长率约为2.18%，这表明世界经济总体的发展并不乐观，尤其是中国经济——世界经济的火车头——的增速也在逐步放缓。[①] 目前，世界形势总体展现出三大特点：一是世界经济继续低迷，二是大国之间的地缘政治博弈更加严重，三是恐怖主义的威胁上升。面对当前日益复杂、失序的国际局势，基辛格先生严肃地提出“当今时代能建立世界秩序吗”这一问题[②]。相比基辛格先生略显悲观的看法，本文认为，二战后建立的世界秩序依旧在有效地发挥着作用，之所以世界展现出诸多乱象，其原因在于世界秩序的弱化，而导致世界秩序弱化的根源在于全球治理赤字。

一、 全球治理赤字的含义与成因

作为一种实践方式，治理普遍存在于国家、区域乃至全球三个层次之中。国际社会的无政府状态天然地具备了实践治理行为的土壤，尤其是在贸易领域的治理行为为全球治理理论提供了重要启示。[③] 美国北伊利诺伊大学教授劳伦斯·S. 芬克尔斯坦较早地尝试对“全球治理”的概念进行界定，芬克尔斯坦鲜明地提出“治理”首先是一种实践，一种并非仅以政府为主体的实践，制度（institution）只是治

---

① World Bank. GDP growth (annual%).［2015－12－22］. http://data. worldbank. org. cn/indicator/NY. GDP. MKTP. KD. ZG/countries/1W-A5? display=graph.

② 基辛格．世界秩序．胡利平，等译．北京：中信出版社，2015：473.

③ RUGGIE J G. Global governance and “New Governance Theory”: lessons from business and human rights. Global Governance, 2014, 20: 5-17.

理的重要方式之一。“全球治理”是在无最高权威条件下对跨越国家边界关系的治理，某种程度上全球治理表现为各国政府内部行为的国际化。[①] 从统治（government）到治理（governance）的转变，被包括俞可平教授在内的部分学者认为是“人类的政治生活正在发生的重大的变革”之一，这种转变在国际关系方面则反映为“从民族国家的政府统治走向全球治理”[②]。俞可平教授认为，“大体上说，所谓‘全球治理’，指的是通过具有约束力的国际规制（regimes）解决全球性的冲突、生态、人权、移民、毒品、走私、传染病等问题，以维持正常的国际政治经济秩序”[③]。相比前述理论对实践与规制的突出，另有一种观点认为全球治理是“一个为便于理解全球生活的高度复杂性和多样性而设计的有益视角”[④]。精确定义“全球治理”的概念，从理论到实践都是一个非常具有挑战性的任务，在华东政法大学发布的《全球治理指数 2015 报告》中，其具体的做法是以国别为基本单元，通过一个三级指标体系的指数集来测量一国参与全球治理的程度。[⑤] 全球治理跳出了传统国际关系理论的国家中心视角，以人类社会的共同利益为着眼点。从各种理论学说到具体操作的指标体系设计，全球治理的核心内容都是围绕保护人类社会的共同利益、满足人类的共同需求而展开的，因此全球治理的实质就在于全球性公共产品的供给。对全球治理赤字含义的理解需要透过碎片化的各种现象去把握实质，故

---

① FINKELSTEIN L S. What is global governance? Global Governance，1995，9-12（3）：368-369.

② 俞可平．全球治理引论．马克思主义与现实（双月刊），2002（1）：20.

③ 同②25. 全球规制（global regimes）就是维护国际社会正常的秩序，实现人类普世价值的规则体系。

④ 马丁·休伊森，蒂莫西·辛克莱．全球治理理论的兴起．张胜军，编译．马克思主义与现实（双月刊），2002（1）：45.

⑤ 高奇琦．国家参与全球治理的理论与指数化．社会科学，2015（1）：3-12.

全球治理赤字的含义即指“全球治理实践中公共产品的供给不足”。

二战后所建立起来的世界秩序仍在发挥着作用，因而不能以当前的诸多乱象去全盘否定战后世界秩序的设计。全球治理赤字产生的基础性原因在于全球性公共产品的供给能力下降，但是供给能力的下降并非是由战后世界秩序引起的，而是由多方面客观因素综合发挥作用的结果，其中包含三个主要方面：第一，传统的全球公共产品供给者的供给能力下降；第二，全球经济整体处在一个下行的周期，缺少保障稳定供给能力的经济支撑；第三，既有的治理结构难以有效应对以网络问题、恐怖主义意识形态问题为代表的新问题。

作为两大传统的全球性公共产品的供给者，美、欧的供给能力正处在下降之中，而其中美、欧能力的下降又各自具有不同的总体特点。具体而言，美国供给能力下降的总体特点为“有力无心”，欧洲供给能力下降的总体特点为“有心无力”：两场反恐战争消耗了美国大量的战略资源，据统计，截至 2014 财年反恐战争支出近 1.6 万亿美元，“超过 6 000 名美军和 2 300 名美国承包商丧生”①，除去这些直接的损失之外，还有许多潜在影响无法统计，例如战后士兵心理障碍对其所造成的损害等。但代价高昂的反恐战争并未带来理想的结果，在反恐战争的十年间，中国经济飞速发展，在庞大经济规模的支撑下中国已经成为对美国霸权地位最具挑战性的战略对手。因此美国意欲通过实施“亚太再平衡”战略将整个战略的重心重新调整回传统的国家间竞争，集中主要战略资源来应对中国的崛起，未来甚至极有可能实施彻底的遏制战略，故而在提供全球性公共产品事务上美国

① 沃森国际问题研究所．十年反恐战争的代价．周诗文，译．国际资料信息，2011 (9)：17.

的表现是“有力无心”。欧洲主要指以法、德为领导核心的欧盟地区，近年来该地区的情况发生了一些重大的变化。从2014年起，俄罗斯将北约视为头号军事威胁，而从地缘政治角度看，欧洲地处北约与俄罗斯军事对抗的前沿，将直接承受俄罗斯日益强化的军事压力。此外，接连爆发的欧债危机、难民危机对当前欧盟的内部治理提出了严重的挑战，特别是在对待移民的问题上，法、德两国与英国之间出现裂痕，“法国总统奥朗德和德国总理默克尔就警告，英国必须尊重欧盟容许自由迁徙、非歧视等原则”①。法、德是欧盟内部核心的引导力量，然而当前法德内部都面临着亟待解决的棘手问题——发生在巴黎的恐怖袭击事件造成了上百人的死亡，法国内部的民族主义情绪因之受到了严重的刺激，受此影响极右翼政党“国民阵线”在法国大选首轮投票中获得胜利。从长期的角度看，恐怖主义袭击的结果将极有可能成为法国国内族群分裂的导火索；对于德国而言，人口的老龄化是未来德国必须面对的战略问题，其人口老龄化程度仅次于日本位居全球第二。这不仅意味着未来国家财政开支的进一步加重，而且意味着需要从外部引进充足的劳动力。因此单纯地从满足劳动力的客观需求看，接受难民对德国是有利的，但在如何对待难民的问题上，默克尔政府内部也出现了较大的分歧②，这与德国经济增长的持续低迷及国内日渐抬头的新纳粹主义有着密切的关系。作为殖民历史遗产的主要继承者，老牌欧洲国家在提供公共产品方面有着特殊的优势，但是欧洲地区内部治理的挑战以及核心国家内部问题的凸显使得欧洲在全球治理中显得

① 欧盟年终会关注难民危机　推动成立边境卫队．凤凰网，2015－12－19.

② 难民潮撕裂德国社会．光明日报，2015－10－24（05）.

"有心无力"。

全球性公共产品的持续有效供给离不开繁荣的经济所提供的物质支撑。当前全球经济增长的总体状况处在一个低迷的状态，尤其是作为全球性公共产品传统供给者的欧、美大国经济增长乏力，而作为新的全球性公共产品供给者，中国的经济增长也开始放缓，从 2012 年到 2014 年连续三年的中央经济工作会议都提到了"经济下行压力"，虽然 2015 年的中央经济工作会议没有提及这一说法，但是市场是否认同还有待进一步观察。

经济增长乏力，影响到作为供给主体的大国在提供公共产品的意愿、能力方面均出现下降，进而导致公共产品的供给赤字。而供给赤字的逐渐增大就形成了赤字累积，并在一定程度上导致了当前世界各种热点问题的爆发。依照康德拉季耶夫的长周期理论和相关数据统计研究证明，当经济处在大循环周期的上升阶段时社会更容易产生战争、革命动荡等不稳定因素（见表 1）。当前全球经济处在经济大循环下行周期的后半阶段，正在向一个新的上升阶段周期过渡，伴随着向上周期运动过程，所发生的冲突频率必然会相对增加。长周期理论表明，不稳定现象的增多有其深刻的经济原因，而并非是文明冲突的必然结果。

表 1　　战争、革命动荡与康德拉季耶夫周期关系的表格

		战争次数	革命动荡次数	总计
第一个大周期	上升段	11	7	18
	下降段	1	4	5
第二个大周期	上升段	7	11	18
	下降段	2	2	4
第三个大周期		11	11	22

资料来源：YAKOVETS Y V. The Kondratieff's wave and cyclic dynamics of the economy and wars：theory// DEVEZAS T. Kondratieff waves，warfare and world security. Washington DC：IOS Press，2006：3－9.

此外，目前以网络问题、环境问题、恐怖主义意识形态问题为代表的一系列新问题的出现对当前的全球治理结构提出了挑战。当前全球治理的结构是一种“由国家中心治理与超国家中心治理组成的一种复合结构，该结构是一个非对称结构，国家中心治理占据主导地位”[①]。而新问题存在的范畴已经远远超越了单一主权国家治理的空间范围，进而产生了治理实践中的“结构困境”。

以互联网为例。作为联通不同地区和世界的全球性基础设施，互联网在人类生活的各个方面都发挥着基础性作用。自由、平等、开放的互联网特性在给人类生活带来诸多便利的同时也被不法分子用作实施犯罪的平台，“互联网的开放性使得网络犯罪呈现出跨国性、流动性的特点”[②]。在英国国际战略研究所最新发布的《网络领域的衍变：对国家与全球安全的影响》战略档案中，分析了网络领域在影响全球安全环境以及国家间权力动态中起到过的以及正在起的作用，并将其置于研究的核心地位。[③] 在该档案列出的影响网络领域衍变的十大因素中，第一项到第三项之间就展示了这种治理困境：一方面人类对互联网的依赖不断增长，而脆弱的互联网系统又很容易被犯罪分子所利用；另一方面，美国在互联网方面的雄厚实力给了美国及其盟友不公平的战略优势，其倡导的网络自由与开放被很多政府视为对自身“不遗余力的暗中破坏”。[④] 如果想要使这些新的问题得到有效治理，就必须要分散权力、平衡“国家中心治理”与“超国家中心治理”的结构，而这种分权与平衡在客观上势必会受到霸权与国家权力的天然抵

---

① 星野昭吉．全球治理的结构与向度．南开学报（哲学社会科学版），2011（3）：4.

② 郭启全：网络犯罪呈现出跨国性、流动性特点．光明网，2015－09－29.

③ INKSTER N. Evolution of cyber domain：implication for national and global security.（2015－12－01）. http：//www.iiss.org/en/about%20us/press%20room/press%20releases/press%20releases/archive/2015-4fe9/december-20ab/cyber-dossier-dd72.

④ 同③.

触，进而致使全球治理的赤字累积无法得到有效处理。

二、 全球治理赤字的危害

全球治理赤字的首要危害是对人权的危害。全球治理赤字对人所造成的各种直接危害是显而易见的，例如从疾病的扩散到环境的污染再到战争的难民等。尤其是疾病传染与战争，如果无法有效遏制相关治理赤字的累积，最终带来的将是大规模的人道主义危机。根据联合国难民署的报告，2014 年仅仅排名前三的叙利亚、阿富汗和索马里三个地区的难民总数就超过了 7 500 000 人①，联合国艾滋病规划署 2015 年的报告显示，2014 年全世界大约有 36 900 000 名艾滋病病毒携带者，约 2 000 000 名新增感染者以及近 1 200 000 人死于与艾滋病毒相关的疾病②。更让人难以想象的是，今天世界上仍旧有 7.95 亿人在忍受着饥饿，亚洲饥饿人口占全球总数的三分之二，其中南亚地区约 2.81 亿人营养不足。③ 贫困是饥饿的根源，中国“按每天 2 美元衡量，还有 1.7 亿多贫困人口，其中 1.3 亿人在农村，4 500 万在城镇”④。人身安全、生存权与发展权均是最根本的基础人权，纵容全球治理赤字的累积就是对人权最大的侵犯。

---

① 联合国难民署警示：全球近 6 000 万人被迫离开家园．人民网，2015－06－08.

② UNAIDS. Countries adopt UNAIDS fast-track strategy to double number of people on life-saving HIV treatment by 2020. (2015－11－24). http://www.unaids.org/en/resources/presscentre/pressreleaseandstatementarchive/2015/november/20151124_LocationPopulation.

③ 联合国．可持续发展目标：17 个目标改变我们的世界．［2015－12－28］. http://www.un.org/sustainabledevelopment/zh/hunger/.

④ 王萍萍，徐鑫，郝彦宏．中国农村贫困标准问题研究．调研世界，2015（8）：6-7.

全球治理赤字第二重危害是对战后形成的国际秩序产生了冲击，威胁着这一保持世界各大国利益平衡的根基。战后的国际秩序是维系世界整体处于一种长期和平状态的重要基础，而全球治理赤字对战后国际秩序破坏主要表现为三点：（1）在治理领域侵蚀战后国际秩序；（2）在安全领域将核大国卷入暴力冲突前沿；（3）在意识形态领域导致极端主义思潮兴起。公共产品的供给维系着每个具体行为体对组织合法性的认知，“从规范意义上认定一个机构是合法的，也就意味着该机构拥有统治的权力”①，其供给不足将导致行为体对组织的合法性产生质疑，甚至否定组织存在的意义。全球治理赤字与当前国际社会权力碎片化的现象重叠在一起，对国际秩序形成了双重效应的挑战，针对联合国、国际货币基金组织等一些重大国际机构的改革要求就是应对这种挑战的反映。大国特别是核大国，在战后的长期和平中发挥了关键性作用，在这一时期内，即使是大国之间的角力也多是以代理人方式进行，从而避免了大国间直接的对抗。但在乌克兰危机、叙利亚危机的问题上，普京领导下的俄罗斯不仅走上了冲突对抗的前台，而且频频向外界展示核武力量。在叙利亚美俄直接对抗性力量共存的情况下，双方具备了陷入“胆小鬼博弈”的必要条件，一旦双方之间出现与土耳其击落俄罗斯战机的相类似事件，其后果的严重性将难以预测。此外，在全球化的进程中，全球治理赤字的增大不仅加剧了财富在南北国家之间分配不均，而且也放大了分配不均所造成的消极影响。贫困与怨恨的共振为极端主义思潮的兴起提供了社会基础，而互联网技术更是将原本分散在不同地区的极端主义思潮整合于虚拟世界之中，特别是披着宗教外衣的极端主义思潮通过互联网能够在

---

① 艾伦·布坎南，罗伯特·基欧汉．全球治理机制的合法性．南京大学学报（哲学·人文科学·社会科学版），2011（2）：29.

世界范围内快速、广泛地传播。“伊斯兰国”的出现是一个值得引起关注的现象，这种宗教极端主义思想不再是一种单纯的意识形态，而是成为了建立实体政权的政治纲领。换言之，这种极端的宗教思想已经成为了被宗教极端主义者所推崇的一种类似于民主的“普世价值”。这种以互联网为依托的极端主义思潮在全球范围内的传播已经成为全球公害，然而各大国之间就互联网治理问题仍旧在以邻为壑。

全球治理赤字的第三重危害是对中国国家利益的直接危害。2000 年后，“走出去”战略上升为中国的国家发展战略之一。在“走出去”战略的深化过程中，中国与整个国际社会之间的利益也日益密切关联。我国有大量的人员、资本、物资分布在海外，因而一旦国际或地区局势发生动荡，中国的利益就将会受到损伤。例如在利比亚战争中，中国紧急组织撤回侨民以及其他人员 35 800 多人，严重受损的在建工程项目价值更是高达 180 多亿美元。① 尽管中国“走出去”的规模越来越大，但是“走出去”战略所面临的“单兵突进困境”以及外部防范心理尚未得到根本改善。② 从外交角度看，中国新近提出的“一带一路”倡议是对中国“走出去”战略的一次战略优化，对改善自身庞大海外利益所面临的不利处境而言无疑是一个契机。

从国际关系的角度看，当前的战后国际秩序本身就与中国自身利益密切相关。首先，中国实施改革开放战略的主要途径就是积极融入美国主导下的国际秩序，因此对其不合理部分的改革倡议不应当被视为对秩序整体的否定，因为中国是当前国际秩序的主要受益者之一。

① 中国企业利比亚账单．凤凰网，2015-12-30.

② 金灿荣．“走出去”战略十年回顾：成就与挑战．现代国际关系，2011（8）：3-4.

其次，中国的大国地位为战后国际秩序所确立，因此当前的战后国际秩序即与中国的切身利益紧密相连。作为安理会常任理事国，中国可以凭借联合国在处理全球事务中高度的合法性在维护世界整体利益的同时更好地维护中国自身的利益。虽然欧、美在全球治理赤字问题上的“有心无力”与“有力无心”直接影响到中国在海外利益的安全，但相比较而言，对中国海外利益更具全局性影响力的是战后国际秩序合法性因全球治理赤字累积而受到的挑战。

此外，美国将战略重心转变为遏制中国的和平崛起，这一现状将使得中国面临更为严峻的外部压力。但遏制中国将成为美国在 21 世纪最大的战略败笔，一个关键理由就在于当今世界的主要大国在战后的国际秩序下都有着广泛的利益分布，并且没有任何一个大国在试图否定整个二战后以美国为首的西方主导下的国际秩序。

三、 引领治理——中国角色的新定位

在当前的全球治理体系中，欧洲和美国是主要领导者，中国是重要参与者。在世界愈发连接成为一个整体的背景下，恐怖袭击、难民增多、气候变化问题、金融市场不稳这些涉及人类命运的共同问题日益突出，与之相对应的是目前对全球治理的需要也日渐广泛、深入。现实中，美、欧“普世价值优先”的全球治理哲学和治理政策在实践中遇到挑战：“普世价值”的道德光环掩盖了现实政治的残酷。直到 3 岁的小男孩艾兰·库尔迪①在海滩上死亡的照片被媒体发布出来，中

① 艾兰·库尔迪，一名来自叙利亚的儿童难民，在跟随家人乘坐一艘超载的小船偷渡的过程中遇难，除库尔迪外还有另外 4 名儿童也同样遇难。

东地区的大规模人道主义危机才引发世界舆论的普遍关注。近年来，中国外交格外重视全球治理，中共中央政治局第二十七次集体学习的主题就是全球治理格局和全球治理体制，这标志着全球治理问题在中国对外战略视野中的地位获得了重要提升。具体而言，中国的全球治理实践涵盖了大国、周边与全球三个层次以及两条具体的操作路径，即原有的治理机制的再激活与新治理机制的创建（见图 1）。

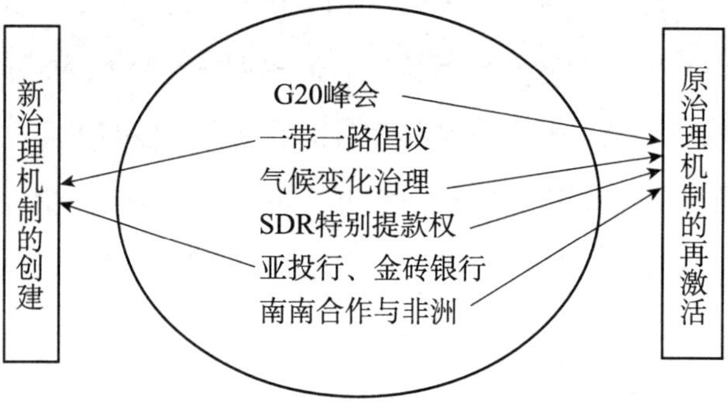

图 1　中国全球治理的路径

首先，以新型大国关系为重心，稳定全球治理的基础。中、美两国是当今世界最具全球影响力的两个核心大国，因此中美关系的稳定是全球治理能够得以持续开展的根本保障。新一代领导集体当选后，立即着手构建中美新型大国关系，并逐渐将中美新型大国关系中的实践原则扩展到与其他大国的关系之中。其次，以构建“一带一路”经济带的宏大构想连接南北国家。从整个欧亚大陆的版图来看，欧洲一侧尤其是西欧部分的国家属于发达的北方国家，而亚洲一侧尤其南亚则属于比较落后的南方国家，经济上具有良好的互补性。一旦能够实现欧亚大陆内部的联通，降低交易成本，势必释放出巨大的经济潜力，为实现亲、诚、惠、容的周边外交提供物质支撑。最后，中国以积极的行动使原有的全球治理机制再现活力。例如，中国推动人民币加入国际货币基金组织发行的特别提款权货币篮子在为他国减少美元霸权的风险的同时，也强化了该机构的合法性，进而稳固了国际货币金融体系。此外，中国在 20 国集团领导人峰会上提出的“中国方案”、在巴黎气候大会上的庄重承诺以及在南南框架下的中非合作都是中国全球治理实践的组成部分。但由于传媒话语权的缺失、西方媒体固有的偏见以及部分信奉现实主义的学者的宣扬，中国参与全球治理的行为被曲解为意图取代美国谋求世界霸权。

在全球治理中，中国必须逐步完成从参与者到引导者的角色转变。这种转变不仅仅是面对中国海外利益受损的应激性反应，更是当下复杂时代背景提出的客观要求。据统计，2014 年国内居民出境超过一亿人次，对外直接投资存量达到 8 826.4 亿美元，对外直接投资净额达到 1 231.2 亿美元。[①] 在可见的未来，这一数字将继续提升。大规模海外利益的存在以及数量庞大的公民在境外的出行，要求中国不能再局限于参与者的角色，在国际竞争中必须跳出产品、技术的竞争进入到规则制定权、话语权的竞争[②]。目前世界经济进入下行周期、全球化进程减缓、中等国家群体性、全球性问题恶化、各国政府领导力的弱化让当前的世界面临着更多的不确定性[③]，未来的全球治理极有可能面临一个“G0 时代”。美、欧“普世价值优先”的全球治理哲学和全球治理实践所面临的困境引起了中、西学界的深刻反思，“西方需要从固有的道德优越感和中心主义话语中走出来”[④]，并从意识的

① 中华人民共和国商务部，中华人民共和国国家统计局，国家外汇管理局．2014 年度中国对外直接投资统计报告．北京：中国统计出版社，2015.

② 金灿荣．处理国际关系要算大账．北京日报，2015－09－07（07）.

③ 金灿荣，马鑫．未来十年世界六大忧思．国际关系学院学报，2012（1）：1-5.

④ 金灿荣，刘世强．告别西方中心主义：对当前国际格局及其走向的反思．国际观察，2010（2）：9.

深处告别西方中心主义。作为一个具有全球视野与时代抱负的大国，在面对一个充满不确定性的世界时，中国要有明确的关于自身和人类未来前途的定位，它需要通过引领全球治理从而对人类文明做出新的贡献。“明者因时而变，知者随事而制”，绵延数千年不绝的中华文明，特别是崇尚“和合”的中国哲学以及受到汤因比博士高度认可的“天下主义”世界观为中国的全球治理提供着丰富的思想资源①。习近平主席在第七十届联合国大会的一般性辩论中使用了“打造人类命运共同体”的表述②，向世界表明了中国在看待全球治理问题上的世界观——人类共同命运体。新的世界观下的治理思维，让中国形成了与美、欧截然不同的全球治理理念与实践（见图 2）。

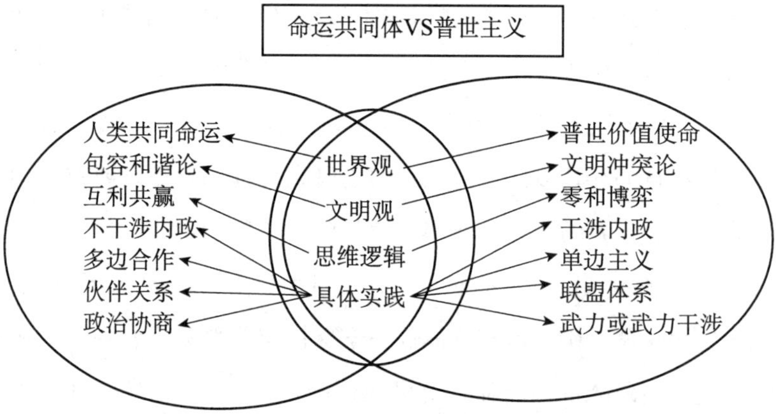

图 2　两种世界观下的全球治理范式

正如王毅外长所言：我们的国家从来没有像今天这样接近世界舞台的中央，新的历史起点、新的时代形势，以及伟大民族使命的自觉

---

① 汤因比，池田大作．展望 21 世纪：汤因比与池田大作对话录．荀春生，等译．北京：国际文化出版公司，1997：283.

② 习近平出席第七十届联合国大会一般性辩论并发表重要讲话．人民日报，2015－09－29（01）．

共同要求中国必须要向全球治理的引领者转变[①]。此外，中国将一部分力量投入全球治理赤字的解决也有利于通过公共产品的供给来摆脱美国对中国的遏制。

未来，中国引领下的全球治理将会呈现出以下与以往不同的特点。首先，中国的全球治理将以联合国为轴心。联合国既是整个战后世界秩序的核心，又是当今世界最具有世界代表性的国际组织。在国际事务中，联合国具有最广泛的影响力，其工作已经影响到人们日常生活的许多方面，尤其是联合国安理会是世界上唯一可以授权其会员国行使武力干涉一国国内危机的机构。如习近平主席指出的那样，"全球治理体系是由全球共建共享的，不可能由哪一个国家独自掌握"，"（中国）一直维护以联合国为核心，以联合国宪章宗旨和原则为基础的国际秩序和国际体系"[②]。中国是联合国的创始国之一，也是安理会常任理事国与第三大会费来源国，联合国在全球事务中的合法性与中国在联合国的地位都促使中国的全球治理必须以联合国为轴心。其次，在治理中强调"发展优先"。和平与发展这一当今时代的主题始终没有变，尤其是在落后的发展中国家和地区更急需通过发展来为社会问题的解决提供稳定的物质支撑。中国是世界上最大的发展中国家，强调发展优先是中国对自身成功经验总结的一个结论。在中国共产党十八届五中全会上，对发展的认识更加深化，提出了"创新、协调、绿色、开放、共享"五大发展理念。强调发展优先有助于跳出意识形态问题的陷阱，有助于为解决现实中的问题寻找到最大的公约数。再次，强调全球伙伴体系。目前，中国已经建立起一个庞大的、具有不同层次的伙伴关

① 王毅．我国从没像今天接近世界舞台中央．人民网，2014－09－02.

② 习近平接受《华尔街日报》采访．新华网，2015－09－22.

系网。[①] 相比联盟关系，伙伴关系更能凸显成员国之间的平等关系，其运行的目的不在于对付一个共同的外部敌人，而是维护伙伴国家内部的共同利益。伙伴关系的灵活性与包容性使其比联盟关系更能够有效应对全球治理内容碎片化的挑战。最后，在治理中坚持不干涉别国内政原则。中国对于主权被侵犯有着沉痛的历史记忆，深谙“己所不欲，勿施于人”的道理。因此，迄今为止，除中国外其他联合国安理会常任理事国都有粗暴干涉别国内政的行为记录。此外作为主权原则的延伸，不干涉内政原则是由《联合国宪章》所确立的处理国际关系的一项基本原则，同时“互不干涉内政”也是和平共处五项原则之一。中国政府多次在不同场合突出强调不干涉内政原则。例如，2014 年中国隆重纪念和平共处五项原则发表 60 周年，在第二届世界互联网大会上习主席的讲话中首先强调尊重网络主权不干涉别国内政。由于战后新独立国家民族意识、主权意识的觉醒，因而这些国家对干涉内政十分敏感，所以只有严格遵守不干涉内政原则，才能够在全球治理中凝聚最大的共识、形成治理的合力。

四、 结语

中国参与、引领全球治理有利于世界的和平与发展，有助于维护中国人民的利益与中国的国家利益。而且美国更应当清醒地认识到，如果在美国霸权出现衰落的过程中，没有中国这样的大国来维系国际制度的有效性，才会对美国利益构成根本挑战。对内而言，中国的人

① 在习主席 2015 年 10 月访问英国时，在双方发表的联合声明中首次使用了“面向 21 世纪全球全面战略伙伴关系”这一用“全球”加以修饰的伙伴关系提法。

民不能仅仅看到参与、引领全球治理的积极作用，更要客观清晰地意识到参与全球治理，特别是扮演引领者的角色需要付出一定的代价，同时要对治理的过程有一定的耐心，全球治理的作用起效并非一朝一夕之功，因为从治理哲学到具体路径再到具体治理政策，全球治理是一个复杂的系统工程。

第三章

全球治理的中国基础：中国制度的比较优势

关于观察中国政治视角的问题，流行的是“观念的中国”，问题是“观念”从何而来？改革开放几十年以来，过去一直是对西方开放，因此我们理解世界的事实以及观念主要来自西方，并以之来观察中国。中国走到今天，对外开放还要打开“第二扇门”，看看西方之外的世界——即广大发展中国家——是什么样的，包括拉丁美洲，还有非洲，亚洲的印度、孟加拉、印尼、菲律宾这些国家。不仅如此，即使是对西方国家，我们也不能只看到其当下取得的成就，必须认识到它们也是从历史走过来的，其现代化进程也伴随着一个接一个的治理危机。从纵向的大历史到横向的大空间入手——我称之为“大十字思维”——可以帮助我们跳出“观念的世界”，看到真正的历史与现实，从而在比较历史与世界政治的视野下观察中国，进而可能得出完全不一样的结论。

因此，要说清楚中国制度的优势，首先需要讲清楚所谓“历史的终结”的自由主义民主的实践困境，在比较中发现中国。同时，也只有破除迷信，才能解放思想。

一、 自由主义民主及其在实践中的困境

“自由主义民主”的概念似乎人尽皆知，但其依然值得分析。自由主义民主的第一个要素是财产权，即所谓的“洛克式自由主义”；第二个要素是宪政；第三是竞争性选举，即事实上的“党争民主”。但是民主是一种政体，我们谈政体的时候，都忘了政体的条件是什么，而政体的条件往往比其本身更为重要，从亚里士多德到罗尔斯都无比重视政体的条件。因此就民主而言，其条件比民主的本身更重要。那么，“党争民主”的条件是什么？我称之为“同质化条件”，即共同的国家认同、共同的信仰或者共享信念以及基本平等的社会结构。如果没有国家认同，你是俄罗斯人，他是乌克兰人，还怎么搞民主呢？最终必然会导致国家分裂；如果没有基本的政治共识，你是逊尼派，我是什叶派，那么选举只能强化教派对立和冲突。明白了什么是自由主义民主及其条件，我们才能理解西式民主实践中的困境。

首先对于西方发达国家而言，冷战后党争政治已经出现了“否决型政体”，即政府没法做事。在欧洲，一些国家的未来更不容乐观，因为其过去的民主是建立在同质化条件之上，而现在其内部出现了人口结构的大变化，比如法国的阿拉伯人可能在一代人的时间内超过白人。更大的问题是很多欧洲国家已经出现产业空心化的现象，比如南欧国家、东欧国家。而没有工业基础，国家就丧失了生命力，就很可能出现新一波的“逆发展”——拉丁美洲一些国家出现过“逆发展”，例如阿根廷在20世纪初的时候GDP一度位列世界前20位，但最后

出现“逆发展”现象，导致其陷入“中等收入陷阱”。

其次，转型国家的情况也是值得关注的。第三波民主化浪潮以来，世界范围内出现了大约70个转型国家。我把它们大致分成四类。第一类即按预期目标实现其发展任务的“理想型国家”。这些国家有韩国和东欧一些国家。第二类是因国家分裂形成的新国家。联合国成立时创始会员国为51个，今天则有193个成员国，而正是民主化运动使得国家越来越多，比如原苏联解体为15个国家，南斯拉夫也分裂为好几个国家。第三类是长期动荡的国家，比如说泰国及非洲很多国家。第四类是长期无效治理的民主国家，印度即为其明例。以前很多人认为“民主是印度的最大福利”，如果你真去了印度生活，还要不要“印度式民主”呢？当你对印度老百姓说印度比中国好的话，印度人肯定认为你需要去看医生。

为什么“预期中的善变成了非预期的恶”？原因有以下几点：第一，自由主义民主是一种“革命理论”，革命理论是不能用来治理国家的。自由主义民主听起来很好，有自由有民主，这是知识分子的最爱。但是它是革命理论，打败你没有问题。要知道，自由的前提是法治，社会最重要的是法治；民主背后有权威，你说要民主，不可能不要权威或者说中央集权。所以自由主义民主掩盖了很多的东西。这样一个革命理论在新时期变成了新自由主义，我称之为“百慕大三角区”：政治民主化、经济私有化和市场化、治理社会化。这“三化”都是去政府化去国家化，强调的是社会权利即个体权利，而发展中国家本来就组织不起来，你再给它推行“三化”方案，那无疑是雪上加霜。我们一定要明白一个简单的道理，好概念并不等于好政治，正如社会主义这个好概念在历史上曾经给我们带来困扰一样，自由主义民主同样会遇到大麻烦，它可以打败对手，但不能建设自己。美国政体是如此复杂，岂是一个自由主义民主可以概括的？

二、 中国治理的根本结构：民主集中制

学界从10年前就开始讨论“中国模式”。对于中国模式，有两种截然不同的态度或者说价值取向，即“否定说”和“肯定说”。在否定说中，又有几种不同的看法。第一种是完全以自由主义的价值观来否定中国模式，相信福山的“历史终结论”，即世界上只有一种模式——自由主义民主或代议制民主，其他的都是过渡模式，其或早或晚地都要转型至自由主义民主政治。但是连“历史终结论”的发明者福山都不得不说，目前中国模式是自由主义民主模式唯一的替代性挑战者。第二种是一些经济学家或改革坚持者担心如果肯定中国模式的话，那么中国就会满足现状而不再改革。在某种意义上讲，这不是对中国政治模式或者说中国模式本身的否定，而是对中国发展模式的质疑，即中国不能停留在既定的发展模式上，中国发展模式需要转型升级。这种对中国模式的担忧有其一定的合理性和价值。第三种是从治理模式上质疑，认为不存在所谓的中国模式。“一个东西如果可以称之为‘模式’，至少应达到以下几个方面的标准：一、模式应有一种制度化的稳定性；二、模式应跟其他模式不同，具备独特性或称差异性；三、模式一旦确立后能够被他人所模仿，术语叫作有扩散性；四、模式应不仅自己承认，还被他人认可。如果观察中国的状况，这几个标准目前都不确定，这是模式总结的关键难题。”① 这是典型的从治理角度看问题，没

① 张静．中国治理尚无“模式”可言．FT中文网，2014－11－03.

有能看到中国治理背后的那种独特的、稳定的、具有扩散性并被承认的政治因素。任何国家都难以单纯从治理的角度确定其独特的模式，因为治理方式都是文明互鉴的结果，比如资本主义与社会主义在相互影响与交流过程中所形成的一些治理模式，包括混合制经济、福利国家等。与政治模式相比，治理模式是技术化的非根本层面的东西，可以彼此互鉴。当我们谈论中国模式的时候，一定是在根本制度层面谈问题。

遗憾的是，即使在肯定中国模式的阵营中，大多数人都是在治理模式、发展模式意义上谈论中国模式的，而这也是肯定说中的第一个角度。例如张维为教授即是在发展模式意义上总结中国模式八大要素的[①]，而王绍光教授也是在治理意义上谈中国模式，他提出著名的"西式政体，中式政道"之说，即西方人善谈政体，而中国人善谈政道。王绍光教授不是在根本制度即政体层面，而是在治道意义上谈论中国模式。

第二种角度是文化意义上的。例如潘维教授的"国民—民本—社稷"中国模式论，这种理论与其说是一种治理理论，毋宁说是一种无所不包的文明模式，而丹尼尔·贝尔的《超越自由民主》中的中国模式观其实也是文化意义上的，即认为儒家的贤能政治优于自由主义民主的选举政治。

第三种角度便是政治制度意义上的中国模式论。郑永年教授眼中的中国模式，就是相对西方外部多元主义的"内部多元主义"，即共产党的开放性[②]。我认为，从共产党角度出发寻找答案正在接近问题的真相，但是"内部多元主义"只是一种政治现象，不能当作中国模式本身。

---

① 张维为．中国模式和中国话语的世界意义．经济导刊，2014（3）：14－21.

② 郑永年．实践逻辑中的中国政治模式．新华网，2014－06－12.

相较而言，看上去更有现实感的中国模式，是丁学良从政治、社会和经济三大方面概括出的“多重矛盾的综合体”：列宁主义的权力架构、政府管制的市场经济和社会控制系统。[①] 毫无疑问，这些都是中国政治发展中的重要方面，但其问题在于这些仅仅是现象的罗列，且丁著仅把中国模式的“史前期”回溯到20世纪80年代，这不仅割裂了中华人民共和国成立至今前后30年的历史，更抹杀了革命时期的历史对中国模式形成所产生的影响。

既然是“模式”，那么只能是一个简洁而有穿透力的一个词，比如西方的“代议制民主”或“自由主义民主”。更重要的是，作为终端性的模式，绝对不是几年、十几年的发展性政策的变化，而是某种根本性的政治制度，且有着悠久的历史根源。因此，从这些意义上来说，中国模式只能是“民主集中制”。如前所述，一国的国家模式只能是以政治制度为核心，而且这个政治制度能有效合宜地将这个国家组织起来。对于中国等很多后发国家而言，面对历史上遗留下来的“强社会”问题，最主要的任务是如何有效地组织国家，因而需要的是一个“强国家”而非“弱国家”。近代以来的中国陷入了军阀割据下的半殖民地状态，成了一盘散沙，因此如何组织中国就成了当务之急。以孙中山和蒋介石为代表的国民党“以党领军”“以党建国”的主张均告失败，而“以党领军”的企图最后更是变成了带有军阀气息的军国主义思想。最终把中国有效组织起来的是中国共产党，其成功的关键在于其组织原则，即民主集中制。此后，作为胜利者的中国共产党，又适时地将民主集中制原则转化为国家的组织原则，并将其运用于国家机构的运作之中。

---

① 丁学良．辩论“中国模式”．北京：社会科学文献出版社，2011.

在历史维度上，它不但是中国共产党革命史的写照，也是改革开放前后 30 年的一以贯之的根本性政治制度。作为政体的民主集中制决不只体现在政府机关由人大产生并对人大负责，更体现在党政关系、国家—社会关系、中央—地方关系和政治—经济关系的诸多维度上。一个词能概括政治经济社会的所有维度，难道不正是中国模式的最好的概括吗？

在冷战时期，民主集中制政体曾经是西方政治学研究共产主义的焦点问题，苏联的解体使得这个概念在西方政治学中几乎消失。但是，在冷战结束之后已过去四分之一世纪之际，随着中国模式成为世界舆论的焦点，有必要“找回民主集中制”，正如当年“统合主义”概念在二战后消失 30 年之后被重新找回来一样。其实在中国，民主集中制一直是理论上和实践中的热点问题，也是政治中的核心问题，只不过因为长期以来中国社会科学因“拿来主义”而丧失了自主性，并因之长期被“殖民化问题意识”所困扰，故而没有给予自己的核心问题足够的重视罢了。

今天，很多人都在谈的中国模式到底是什么？我认为能够以国家命名的模式，一定是能将中国良好地组织起来的那种政治制度。而且，作为一种模式，必然有其思想上和制度上的历史连续性，以及因为独特且有用而产生的特征独有性。这两点决定了在中国谈中国模式其实就是在讨论一种政治模式，而中国政治模式的核心首先是关于党的组织原则问题，这是一个常识，不仅如此，这样的组织原则必须是适用于国家的组织原则的。这样，能把党和国家有机地联系在一起的非民主集中制莫属。民主集中制从其产生到今天已经有近百年的历史，而且目前来看它是唯一能与代议制民主政体相抗衡的政治制度或政体。

在国际社会科学界，政体研究大致有两大类：作为自由主义民主的代议制民主和非民主政体即威权主义。在西方政治学那里，前者是“历史的终点”，后者必然失败并转型或过渡到“历史的终点”。但比较政治研究发现，发达国家的发达不仅仅是因为实行了代议制民主，还有很多其他因素的综合作用，在后发国家（即基本上经历了殖民地半殖民地统治的国家），很多国家实行了代议制民主，其中就包括了与中国有可比性的大型发展中国家，如印度、巴基斯坦、孟加拉国、印尼、菲律宾、尼日利亚、墨西哥、巴西等，但结果如何呢？反事实推理表明，如果中国也走上了代议制民主即党争民主的道路，结果将不会比其他大型发展中国家发展得更好。

虽然中国因制度不同而取得的比较优势是十分显著的，但是在西方政治学看来，中国的政体也是一种威权主义的“坏政体”，故而也必须走向“历史的终点”才算是正道。因此，我们必须跳出西方社会科学宗教式和意识形态化的话语体系，给中国的政体以证明，并给予其学理上的身份还原。我们发现，坊间热议的中国模式首先应该是作为政体的民主集中制，而这一制度在理论上不但具有现代性的民主主义属性，同时也继承了中国历史文化传统中的内生性变迁特征，并且克服了后发大型国家因普遍缺失国家能力而导致的组织化不足的结构性病理。更重要的是，作为政体的民主集中制同时还是政治过程的核心——即决策过程——的原则，从而构成了世界上最独特的制度体系，即政治形式与政治过程的一致性原则。为此，中国政治学乃至整个社会科学非常有必要深入研究这一关乎道路自信和制度自信的根本性政治制度。

三、 民主集中制政体的构成

作为国家的组织者，党进行国家建设的时间顺序和组织上的路径依次是：建党—建军—革命—创设国家制度。因此，这样一套独特的建国路径决定了我们必须寻求一种既能解释国家也能解释党的政治理论，或者说，只有把党和国家能有效地连接在一起的理论才是有效的政治理论。民主集中制正是这样一种政治理论，它从党的组织原则（可以称为“党体”）演变为国家政权的组织原则（即“政体”），并同时是党和国家的本体论性质的组织原则。我们常说的“党和国家”之间，存在一个内在的组织逻辑关系，存在一个连接党和国家的桥梁，那就是民主集中制。没有民主集中制，就难以理解党和国家的领导体制，也难以理解党何以治国。

作为政体的民主集中制思想来源于毛泽东。在《新民主主义论》中，毛泽东指出，“中国现在可以采取全国人民代表大会、省人民代表大会、县人民代表大会、区人民代表大会直到乡人民代表大会的系统，并由各级代表大会选举政府”，“政体—民主集中制”[①]。这一论述明确了新中国的政体是实行民主集中制的全国人民代表大会制度。在 1945 年的《论联合政府》中，毛泽东再次重申：“新民主主义的政权组织，应该采取民主集中制，由各级人民代表大会决定大政方针，选举政府。”[②]

毛泽东在延安时期所提出的建国理论，后来直接成为了新中国宪法的指导思想，甚至宪法文本本身。在 1954 年通过的《中华人民共和国宪法》（即“五四宪法”）中，第一章第一条就规定了新中国的国体，“中华人民共和国是工人阶级领导的、以工农联盟为基础的人民民主国家”。而第一章第二条则规定了新中国的政体，“中华人民共和国的一切权力属于人民。人民行使权力的机关是全国人民代表大会和

---

① 毛泽东．新民主主义论//毛泽东．毛泽东选集：第 2 卷．北京：人民出版社，1991：677.

② 毛泽东．论联合政府//毛泽东．毛泽东选集：第 3 卷．北京：人民出版社，1991：1057。

地方各级人民代表大会。全国人民代表大会、地方各级人民代表大会和其他国家机关，一律实行民主集中制”。

“五四宪法”中的“民主集中制”专指国家机构的组成方式，即国家行政机关由人大产生，并对人大负责。而在 1982 年通过的《中华人民共和国宪法》（即“八二宪法”）中，“民主集中制”不但包括国家机关——即横向的权力结构——的组织形式，还包括了国家结构形式——即中央—地方关系——的组成方式。“八二宪法”第一章第三条规定：“中华人民共和国的国家机构实行民主集中制的原则。全国人民代表大会和地方各级人民代表大会都由民主选举产生，对人民负责，受人民监督。国家行政机关、审判机关、检察机关都由人民代表大会产生，对它负责，受它监督。中央和地方的国家机构职权的划分，遵循在中央的统一领导下，充分发挥地方的主动性、积极性的原则。”

由此可见，中国人民在对政体的认识上有一个不断拓展的过程，即政体不但包括横向的国家权力组织方式，还包括纵向的中央—地方关系。事实上，这种认识才更符合政体理论本身的意义。说到底，政体是统治权以及围绕统治权而建立的权力关系，即权力关系的总和。因此不同的时代的政体内涵是不一样的：在城邦国家时期，因为城邦是一种典型的政治社会，而且不存在现代国家意义上的规模以及由此而导致的中央—地方关系，所以政体主要是指统治权。随着民族国家的形成，单一制与联邦制、总统制与议会制等出现，这些新的政权组织形式便是新型的政体概念。

中国政治学研究发现，到了市场经济时代，权力关系不但包括狭义上的政治范畴内的国家机构和中央—地方关系，经济权力即资本权力事实上已经是一种不可忽视的左右政治权力的力量，因此考察市场经济时代以后的政体理论离不开政治—经济关系的维度。此外，同样重要的还有社会权力，因为现代政治的一个重要特征便是政治的大众性。这样，政治—社会关系或国家—社会关系的维度也是现代政体理论所不能忽视的。也就是说，今天的政体理论不再是单纯的讲国家机构这个纯粹的政治，还有经济和社会两大变量，政体是政治、经济和社会三大关系的总和。①

这样，在中国，事实上政体内涵除了包括宪法所规定的国家机关组成形式、中央—地方关系之外，还应该包括政治—经济关系和国家—社会关系。我们发现，在我国无论是传统意义上的政体形式（即国家机关组成方式和中央—地方关系），还是改革开放以后所衍生出来的新的关系（即政治—经济关系和国家—社会关系），都有形或无形地体现了民主集中制原则。具体体现如下：

第一是国家机构的组成原则。按照宪法规定，中国国家机构实行由人民代表大会产生并对人民代表大会负责的民主集中制原则，其中人民代表大会制度本事即为民主集中制的集中体现。

首先，人民代表大会制度鲜明体现了民主性。我们常说人民代表大会制度是人民主权的象征。其实人民代表大会制度不仅体现了民主理论中的人民主权原则，还是实现人民主权的中介机制，即代表制民主和协商民主制度。这些都已经得到深入研究，在此限于篇幅不予展开论述。②

其次，人民代表大会制度深刻反映了集中性。人民主权原则的实现既要有程序性的民主形式，也要有能将各种程序民主统合起来的制度安排，否则就会出现类似于很多转型国家陷于代议制民主之下的党

---

① 林德布诺姆．政治与市场．王逸舟，译．上海：上海人民出版社，1992.

② 关于对这一问题的具体研究，参见杨光斌，尹冬华．人民代表大会制度的民主理论基础．中国人民大学学报，2008（6）：93－99.

争民主而政局动荡的情况。在我国，这种统合程序民主的制度既完整地体现在党章中，也在宪法中有着明确的规定，具体体现为党的领导原则。关于我国的根本政治制度，完整的说法应该是“党领导下的人民代表大会制度”。

西方的政党政治产生于资产阶级革命之后的议会政治，政党在议会活动中形成；在议会内部有党团，因此政党只是利益集团性质的政治组织。和西方政党政治完全不同的是，中国共产党是建国党，是一盘散沙的国家的组织者，建国路线图是“建党—建军—革命—创设国家制度”。因此党领导人大是历史的内生性逻辑，是一种事实性存在，决不能用基于西方历史的宪政主义理论来“关照”中国的历史和现实。有很多国家包括很多大型国家在内，不顾自己的历史搞起了党争民主式的宪政主义，结果适得其反。因此在理论上，党领导下的根本政治制度的优越性应该得到更深入的研究和认识。

第二是中央—地方关系的组成原则。根据我国现行宪法规定，中央—地方关系是在中央统一领导下，即传统意义上的单一制。经过30多年的改革开放，我国的中央—地方关系已经发生了结构性变化。中国的改革是从分权为起点的，即中央分权给地方以调动地方的积极性和主动性，国家分权给社会以形成社会的自我管理和社会自治，政府分权给市场以形成市场经济和充分调动个人的积极性与能动性。完全可以说，改革开放本身就是一个民主化进程，是一种分权式民主形成的过程。没有民主，就没有活力，也就没有今天的经济成就。这是一个政治常识。

那么，已经发生结构性变化的新型中央—地方关系到底是如何体现民主集中制原则的呢？如果说改革开放前的中央—地方关系是典型的单一制，那么改革开放之后的中央—地方关系则是政治与经济的一定程度的游离，即形成了“政治单一制”和“经济联邦主义”的二元化结构。[①] 所谓政治单一制，就是在党管干部的民主集中制原则下，确保中央对地方的政治、人事的领导，具体体现为副省级以上干部由中央组织部直接管理。人事权进一步保障了中央对地方的政治领导，在政治关系上，中国是“全国一盘棋”的局面。

在经济关系上，出现了治权的分享与共治，即学理上被称为“财政联邦主义”的格局，中国的分税制改革和治权的地方化都是财政联邦主义的经典案例。地方所享有的治权的分享和共治，事实上就是一种分权式民主。

中央—地方关系的结构性变化意味着地方不再只是单一制下的纯粹的“代理人”角色，地方政府，尤其是市县级政府，已经变成了利益主体，而且地方利益主体之间竞争而产生的积极性和活力，正是中国历代领导人所讲的民主。比如邓小平这样说：“把权力下放给基层和人民，在农村就是下放给农民，这就是最大的民主。我们讲社会主义民主，这就是一个重要内容”[②]。而托克维尔在《论美国的民主》中，就是在分权和社会自治意义上大讲人民主权的。因此，下放权力、让人民自由的改革开放本身就是民主权利实现的过程。

综上所述，可以看出地方的治理民主性和政治集中性，已经是中央—地方关系中的新型民主集中制。

第三是政治—经济关系的事实性构成原则。一个国家的政治—经济关系样式，既体现其治理模式，也体现了一个国家内部的真实的利益关系，即集团与集团之间的关系、阶级与阶级之间的关系。在自由

---

① 杨光斌．中国经济转型时期的中央—地方关系新论：理论、实践与政策．学海，2007（1）：67－78.

② 邓小平．一切从社会主义初级阶段的实际出发//邓小平．邓小平文选：第3卷．北京：人民出版社，1997：252.

资本主义的美国，是典型的经济决定政治；而在市场经济的东方国家比如韩国、日本、新加坡，政治与经济的关系更复杂，“发展型国家”是对这些东方国家的概括。

中国不但不同于美国，也不同于韩国等国家。在我国，经济力量固然很重要，但最重要的还是政治权力。政治，尤其是政治制度具有决定性作用。这个前提决定了中国属于政治主导型的国家。

在政治经济关系上，中国的“发展型国家”特征比东亚其他政治体更典型，但是中国的发展型国家特征也是民主集中制体制下的一个独特的“中国经验”。首先，从其构成要素而言，第一，中国的政治体系是一个能让行政制度有效地实施其经济规划和经济干预的政治体系，具体而言就是在党的中央财经领导小组、中央农村工作领导小组等领导下的国务院相关经济主管部门；第二，虽然中国行政部门存在着一些问题，但是在其公务员个人能力基础上所建立起来的整个行政队伍之上体现出来的国家能力是不容置疑的；第三，在国务院组成部门中，有专事规划国民经济的宏观经济调控部门，即国家发展和改革委员会。

其次，就其经济运行机制而言，中国的“发展型国家”特征也最突出，十年规划、五年规划、中央年度经济工作会议，都是值得重视的实施国家综合发展的有效机制。其中，五年规划虽然似乎是传统社会主义的遗产，但这并不意味其不是值得珍惜的遗产，并且法国这样的发达资本主义国家在战后也有“五年规划”之类的机制。如果说五年规划是中期的发展蓝图，那么十年规划则是长期的国家发展的综合性计划。这些机制保证了国家发展的连续性，而这种有规划的连续性发展是美国这样的国家所不可能想象的，也是美国精英所艳羡但所不能得的。

如果说“发展型国家”更多地体现了政治经济关系中的集中性，那么在过去几十年里我国作为一个“发展型国家”，一个结果就是社会主义市场经济体制的形成。既然是市场经济体制，企业自由是必然的。事实上，中国的私人企业对国民经济增长的贡献率已经达到70%，同时70%以上的就业机会也都是私人企业提供的。私人企业在我国的经济中的地位是如此之重要，以至于其必然会在中国的政治经济过程中发挥影响和作用。具体来说，第一，在经济发达的东南沿海地区的地方人大代表的构成中，私人企业主的比重越来多大，这就导致了当地地方人大以及由人大产生的地方政府在政策法规的制定过程中不能不顾及私人企业主的利益；第二，私人企业主已经有能力影响国家的宏观政策，例如他们所推动的非公企业与国有企业拥有同等机会和地位的国家立法进程与相关政策制定。也就是说，目前中国政策制定过程中的声音已经多元化了，而多元化正是民主的一个重要特征，或者说是民主的构成部分。

概言之，中国政治—经济关系的事实性构成原则是民主集中制。也正是因为这样的体制，中国的政治经济关系才不可能变成美国式的资本决定政治权力的结构，中国只能是政治权力主导经济、主导资本权力的结构。需要说明的是，任何一个结构都不会让所有人满意，比如美国的结构有利于资本集团而让人民不满意，中国的结构则有利于人民而让资本权力不满意。这大概是中国制度和美国制度的根本性不同之所在。

第四是国家—社会关系的事实性构成原则。改革开放之前，中国的国家—社会关系是一种依附性的链条关系，即个人依附于单位，单位依附于政府，政府依附于国家，进而形成了“个人—单位—政府—国家”的链条。在这种关系下，没有自主性的个人和社会，甚至连家庭生活都是不自由的，只有无处不在的国家权力。伴随着市场经济的出现和发展，在我国不但出现了不同于国家和社会的资本权力，社会的重要性也愈发突出，比如新出现的“社会治理”一词就最能说明问题，其甫一出现即与国家治理、政府治理、经济治理等概念并驾齐驱，由此可见“社会”的重要性。

中国自古就有社会自治的古老传统，比如古代的“皇权不下县”（即县之下的家族自治）、明清之际的行会组织、民国时期的商会自治尤其是上海的金融商会组织等都是社会自治的明例，因此在我国，讨论“社会自治”，就没有必要与被制造出来的概念——即“公民社会”——扯在一起。也正是因为这种与生俱来的传统，所以在改革开放之后，中国新兴社会的组织便如雨后春笋般地成长起来。据统计，目前在民政主管部门登记注册的有上百万家，而大多数新兴社会组织还没有注册登记。根据党的十八届三中全会的改革决定，除政治类、法律类、民族类、宗教类组织之外，社会组织的成立都实行登记制，而不再是1992年民政部制定的主管部门审批制。

在转型过程中，原来基于产业、行业设立的政府主管部门开始逐步转型为国家性的行业协会，比如钢铁业协会等。此外，一些政府主管部门的权力也在渐次转换成政府所辖的行业组织的职权，比如英语四级、六级考试以及很多行业性的考级组织。在鼓励社会组织自主和自我管理的同时，国家也对社会组织实行有区别的限制，比如对上述四类组织的管控。由是可见，社会治理中一方面有自由，另一方面有国家严格的控制和限制，这种国家—社会关系在西方政治学理论上属于“国家统合主义”——即由国家主导的可控的并被有效组织起来的行业组织能积极参与政治过程和决策过程——的范畴。而在中国政治术语里，这种情况就是典型的民主集中制原则——社会组织的自主性管理是民主的，而国家的控制和限制则是集中制的。

上述四大结构性维度——即横向的行政体制、纵向的中央—地方关系、横向的政治—经济关系和纵向的国家—社会关系——无一不贯穿着民主集中制原则，换而言之，在中国这样一个硕大无比的国家中，只有依靠民主集中制原则，国家才能组织起来并有效地运转。民主集中制不仅体现在政治制度和组织制度上，更是统率政治过程的一个大原则。

四、 作为决策过程的民主集中制

相对于政治制度和组织制度的民主集中制原则，政治过程中的民主集中制原则更容易理解，中国人也更熟悉。决策过程中的民主集中制的经典表述就是“从群众中来，到群众中去”的群众路线，以及“民主基础上的集中，集中指导下的民主”的表述。对决策过程的民主集中制的完整阐述，还是来自毛泽东的关于如何实行民主集中制的讲话：

> 没有民主，不可能有正确的集中，因为大家意见分歧，没有统一的认识，集中制就建立不起来。什么叫集中？首先是要集中正确的意见。……没有民主，就不可能正确地总结经验。
>
> 我们的集中制，是建立在民主基础上的集中制……在党委会内部只应当实行民主集中制。……如果不是这样，就是一人称霸。这样的第一书记，应当叫做霸王，不是民主集中制的“班长”。①

这是关于民主集中制决策过程的最经典的表述。在决策前，要想占有正确的、全面的信息，则需要民主的群众路线，而在集中意见的决策过程中，党委会也需要民主制，不能搞书记“一言堂”。

民主集中制的决策原则在新世纪有了系统的发展。根据国务院规

① 毛泽东．在扩大的中央工作会议上的讲话//中共中央文献研究室：建国以来重要文献选编：第15册．北京：中央文献出版社，2011：98-100.

定，重大决策已经把公众参与、专家咨询、风险评估、合法性审查和集体讨论决定作为决策的必经程序。决策民主或行政民主，已经是学界公认的中国民主政治的重大进展和突破之处。

不仅涉及利益攸关方的决策体现了作为行政民主的民主集中制，那些事关国家未来的重大改革规划也是民主集中制的产物。在立法上实行“开门立法”，许多直接涉及群众切身利益的法律、法规、草案都向全社会公开征求意见，这一系列举动取得了比较好的效果。十八届三中全会通过的《中共中央关于全面深化改革若干重大问题的决定》和十八届四中全会通过的《中共中央关于全面推进依法治国若干重大问题的决定》，都是民主集中制决策原则的典型产物。

作为决策过程的民主集中制，能将现代化的国家治理体系转换为现代化的国家治理能力，换而言之，民主集中制是沟通国家治理体系与治理能力之间的中介机制。比较而言，很多发展中国家徒有现代化的治理体系而无治理能力，其关键在于政治过程中的实现机制的缺失。没有有效的中介机制，再宏大理想的制度结构都只能限于空转。

在中国，这个中介机制就是我们常说的民主集中制。民主集中制可以形成治国理政的强大合力，切实防止出现相互掣肘、内耗严重的现象，此外，这一制度还保证了国家的有效治理，切实防止国家出现群龙无首、一盘散沙的现象。在中国这样一个超大规模的国家，没有个人自由、社会自治、市场经济等民主的原初形式，就没有社会活力，没有社会活力，就不会取得改革开放以来的巨大成就；同样，在中国这样一个空前复杂的国家，没有决策权威，也很难想象会有今天的成就。很多发展中大国都是仅有民主而无决策权威，因此发展步履蹒跚。而不只是发展中国家，就连美国这样的发达国家，也因为其政策过程中的“否决型体制”而难以推动国家急需的公共政策和基础设施项目，比如全民医保难以实施，高铁计划几近流产等。这一切都是因为立法和决策过程中的“否决者联盟”力量太过强大。

政治过程中民主集中制之比较优势有目共睹，而其优势的持续性则需要决策过程中更多的“民主主义”，从而让民众更多地参与到决策过程中，且在这一过程中民众的利益得到更好的保护，进而使这个体制的回应性更强也更有弹性和活力。

五、 民主集中制的比较优势

没有哪种政治模式像民主集中制原则这样，既是权力结构的组织原则，又是这一权力结构的运行原则，这充分体现了组织形式与组织过程的统一性。世界上另一大政体即自由主义民主政体在组织形式上主要限于选举民主，但政治过程中的资本主导权却被掩蔽起来。自由主义民主政体是“两张皮”——如果说其组织形式是民主的，那么其组织过程及决策过程所体现的政治形式则是寡头政治，是不平衡的多元主义（即寡头利益集团）主宰下的决策。关于这一点已经有大量的研究成果出现。因此，形式与过程一致性的政体显然比不一致的政体更具有理论上的正当性和道义性，也正是因为其理论优势，才体现为治理绩效上的强大优势，这是中国与实行代议制民主的发展中国家的比较结果。

实行了百年而仍然具有强大生命力的民主集中制，必然是以其固有的文化和政治思想为基础的。作为一种在革命实践中形成的内生性演化的制度，加上以绵延千年的集体“善”的文化传统为基础，并有民本主义思想的鲜明特征，使得这种内生性制度相比较而言自然更有适用性和生命力，而这种生命力在比较研究中更加彰显。

在冷战这场“没有硝烟的战争”中，从“草根社会”中成长起来的中国共产党经历了世界性的民主化第三波浪潮而屹然不倒，并且变得更加强大。而只有强大的中国才有资格为人类提供基于中国制度的“中国方案”，才有资格为人类做出了巨大贡献，否则，中国决不会比人口过亿的其他 8 个发展中国家更好，——那些实行了党争民主的印度、孟加拉、巴基斯坦、印尼、菲律宾、尼日利亚、墨西哥和巴西——甚至会比它们更差。世界政治观察家最喜欢比较中国和印度，喜欢看好印度而唱衰中国，因为中国实行的是民主集中制，印度是西式代议制民主。结果如何呢？1950 年，印度的人均 GDP 为 50 美元，中国是 48 美元，而今天中国人均 GDP 是印度的 4 倍还要多。即使就西方最津津乐道的“宪政”而言，印度也没有因为有了宪法法院而比中国的法治水平高。由此可见，所谓“自由主义民主是印度的最大福利”，完全是西式民主标准下的自欺欺人的神话。

那么，“中国方案”到底是什么呢？在我看来，中国的经济成就并不是因为有了独特的经济模式，——其经济模式只不过是加强版的东亚式“发展型政府”——文明基因的作用更为重要，要不然世界各地的华人怎么会都相对富裕呢？但华人在不同制度体制下的境况又大有不同，比如中国台湾从“亚洲四小龙”之“龙头”跌到“龙尾”（严格说来中国台湾经济体已经不属“龙”了）。换言之，“中国方案”的核心主要在于政治道路与政治制度。

在政治道路上，比较政治告诉我们，中国是为数不多的人民民主国家中体量最大的国家。在过去 300 年的世界政治中，资本主义从主宰国内政治到主宰全球政治，建立了一个资本权力主导的帝国主义殖民体系，而 20 世纪 50—60 年代的民族民主解放运动是对资本主义全球化的对冲和反抗。当赤裸裸的经济掠夺碰壁之后，资本权力开始以“文化霸权”面目出现，并俘获了发展中国家的精英阶层，打赢了思想观念上的“没有硝烟的战争”，促成了所谓的“第三波民主化浪潮”，于是全球政治又变天了，资本权力再次在政治上得势。在这个过程中，中国靠强大的自主性扛过了这场全球浪潮，坚守了人民民主阵地。因此，一个必须要问的问题是，到底是资本权力有利于人民，还是人民民主造福于人民？只能在世界政治中找答案——中国人民和印度人民谁享有的福利更多？

实现人民民主政治道路的政治制度是相对于代议制民主的民主集中制，这是一个首先把一盘散沙的中国组织起来，又把中国发展繁荣起来的政体。历经革命时期的“1.0 版”、新中国前 30 年的“2.0 版”和改革开放以来的“3.0 版”，这是一个处于不断完善过程中的、完全可行的政体，其中“3.0 版”的民主集中制有了更多形式的民主，诸如协商民主、社会自治、参与式民主、分权民主、选举民主等以及更多的个人自由，民主与集中正在趋向平衡。民主与集中绝对不是二元对立，而是有机统一，一定程度的集中恰恰保证了分权和自由，这正是中国这样一个巨型国家的成功要道。其实，被神话的“自由主义民主”，民主背后没有权威意志又怎么做决策呢？不能做决策的、不能治理的“民主政府”又值得期待吗？

如果说自由主义民主在发展中国家导致了“无效的民主”或无效治理，那么民主集中制的治理成就则是有目共睹的，可以看出没有治理的民主是不值得追求的。也正是在比较意义上，民主集中制在政治过程中是一种“可治理的民主”——由“民主参与—政府回应—责任政治”三要素所构成的民主模式。

到 2049 年，由“人民民主—民主集中制—可治理的民主”所构成的中国政治方案，又将会给人类做出什么样的贡献？我们满怀信心拭目以待。

第四章

全球治理中的中国角色：参与者、建设者、引领者

在当今世界全球性问题日益突出并更加复杂的形势下，全球治理的重要性和必要性也更加凸显。正如政治学和国际关系学界常常故意模糊对概念本身的定义而只对其特征加以分析的历史惯例一样，国际关系学界对全球治理的准确定义并未达成广泛一致的共识，而更多地只是对全球治理的特质进行描述。尽管如此，我们仍然可以将全球治理简单定义为“国际社会的各种行为主体通过一定的国际合作制度，共同管理、控制和解决全球性问题的实践活动”。由此可见，全球治理在很大程度上要通过各种国际合作制度的途径来加以实现。因此，分析和评价某个国际行为主体在与全球治理中的身份、地位和作用可以从分析其在国际制度中的身份入手，进而得出相对正确的结论。根据这一逻辑，我们可以相对简单明了地分析中国在全球治理中的身份、地位与作用。

一、 国际行为体在国际制度中的身份

正如罗伯特·基欧汉和约瑟夫·奈在《权力与相互依赖》一书中

将相互依赖与权力结构相联系的分析和结论一样，国际制度也总是与一定的权力结构相联系并相互作用的。由于自身的综合实力不同，它们在国际制度中的身份也有所不同，所承担的责任和发挥的作用也就有着明显的差别。一般说来，按照在国际制度中地位与作用的不同，国际行为体在国际制度中的身份大致有三种类型：

1. 参与者

参与者一般是指国际制度中后来加入的或相对弱小的国际行为体。它们原先不是国际制度的成员，且曾经对现存的国际制度持有怀疑或对抗的态度，因客观形势所迫和主观价值判断发生变化而改变原有的态度，转而寻求加入国际制度。由于加入时间不长，融入程度不深，综合实力相对较弱，在国际制度中几乎没有话语权。它们客观上尚未感受到国际制度带来的明确获益，主观上对国际制度仍然抱有怀疑和观望心态，缺乏主动性和积极性，因此对国际制度承担的国际责任较小，做出的贡献也相对较小。它们实际上更多的是扮演了国际制度的参与者、追随者、附和者乃至“搭便车者”（free rider）的角色。

2. 建设者

建设者是指在国际制度中发挥积极作用的国际行为体。它们加入国际制度已经有了一段时期，客观上已经切身感受到加入国际制度给自身带来的实际获益，综合实力有了一定的发展，在国际制度内具有了一定的话语权。它们主观上基本放弃了怀疑和观望心态，愿意进一步加深对国际制度的融入，不拒绝承担更大的国际责任并做出更大的贡献。但由于现存的国际制度主要考虑主导者的利益，不能较好地顾及一般参与者的获益，无法真正实现合作者之间的平等对话与协商合作。因此它们对现存的国际制度和国际秩序并不满意，内心具有改革和调整不合理的国际旧秩序的意愿，但只愿意承担和付出与其地位相称的责任和贡献。它们实际上是国际制度的改革者、共同建设者或利益攸关方。

3. 引领者

引领者是指在国际制度中起主导作用的国际行为体。它们一般是现存国际制度的创立者和领导者，在综合实力上基本上都是当今世界的超级大国。它们创立国际制度的初衷就是运用国际制度领导全球合作，使全球性问题的管控和解决朝着有利于自身利益且为大多数国际行为体所能接受的方式和方向发展。它们客观上是现存国际制度的最大受益者，主观上也是现存国际制度和国际秩序的坚定维护者，同时对新出现的国际制度采取审慎的心态。它们是国际制度的构建者、主导者和引领者。

尽管上述三种国际制度的合作者在身份属性、综合实力、实际获益、合作意愿和责任作用等方面存在着明显的差异和区别，但它们之间也是相互联系和相互转化的，并非相对单一、相互孤立和一成不变的。

首先，参与者、建设者和引领者共同构成了国际制度的整体。受权力结构的影响，每个国际制度不可能是由清一色的参与者或建设者、引领者组成的。当今世界现存的任何一种国际制度总是由参与者、建设者和引领者三种身份的合作者构成的，因而三者之间构成了相辅相成、对立统一的联合体。

其次，参与者、建设者和引领者之间的身份是可以相互转变的。随着身份、实力、意图和责任作用的变化，三者之间的身份属性可以相互转变：参与者发展到一定程度可以转变为建设者，甚至可以成为引领者；引领者在国际制度中也可能转变为建设者、参与者，甚至在新的国际制度中是参与者。

最后，参与者、建设者和引领者三者之间有可能兼有两种或三种身份属性。国际行为体在同一个国际制度中可能既是参与者又是建设者，既是建设者又是引领者，甚至三者俱备，当然不同身份之间还可能有一个过渡地带。在不同的国际制度中，国际行为体在这里可能是参与者或建设者，在那里有可能是引领者。全球治理是通过一系列国际制度达成的，因此同一国际行为体可能是不同身份并存的角色并相互补充。

二、 中国参与国际制度的实践及身份变迁

与全球治理一样，国际制度作为一种理论表述和明确的概念直至20世纪70—80年代才开始出现，但其实践活动却至少可以追溯到19世纪后半叶：1865年成立的国际电信联盟和1874年成立的邮政总联盟这类专业技术性国际组织，就是人类社会最初通过国际制度对专业技术领域的全球性问题进行协调和管理的实践活动。二战之后，随着联合国及一大批政府间国际组织的建立，国际制度的实践活动有了快速的发展。纵观新中国参与国际制度和全球治理活动的过程，可以粗略地分为以下三个历史阶段：

1. 主要国际制度的局外人（1949—1971年）

1949年中华人民共和国成立以后，由于美苏冷战，世界被划分为

以美国为首的西方阵营和以苏联为首的东方阵营，中国因为属于东方阵营，加上在联合国及其他政府间国际制度安排中的席位被在退守台湾的国民党政权窃据，新中国实际上被排除在所有的全球性和大多数地区性国际制度之外，只能在东方阵营独自建立的相对狭窄的地区性国际制度内发挥作用。尽管斯大林曾经将 20 世纪 50 年代的国际体系描述为社会主义与资本主义两个平行的国际体系，但无论从成员规模、议题范围、实际功能和治理成效等各方面看，东方社会主义的国际制度都无法与西方资本主义的国际制度同日而语。随着 20 世纪 60 年代初中苏关系的破裂，东方社会主义的国际体系已经名存实亡，直至 1971 年之前，中国实际上是世界主流国际制度的局外人和消极的旁观者，甚至是对抗者。

2. 全球国际制度的参与者（1971—2000 年）

中国正式参与世界主流国际制度的主要标志是 1971 年联合国大会恢复了中国在联合国的合法席位，以及随之而来的中国与美国、欧洲和日本等主要西方国家关系的全面正常化。作为世界上最大的全球性政府间国际组织，联合国的宗旨就是维持世界和平促进人类发展，而和平与发展是当代世界最重大的全球性问题，联合国因而成为全球治理中最重要的国际组织，中国正是通过参与联合国体系的国际制度逐步而谨慎地参与到全球治理的进程中来的。但由于当时中国国内的“文化大革命”尚未结束，对世界总形势的判断仍然立足于战争与革命，对国际制度总体上持怀疑与否定的态度，因此当时的中国充其量只能算是国际制度的被动适应者。真正促使这种情况发生变化的，是 1978 年底的中共十一届三中全会：由于对国际形势基本判断发生变化，认为和平与发展替代了战争与革命，因此在这次会议上确定了改革开放的国家战略。由此，中国开始较为主动和积极地参与国际事务和全球治理。随着中国在世界银行、国际货币基金组织、关贸总协定及后来的世界贸易组织成员国地位的恢复，中国逐渐成为国际制度的主要参与者。

3. 从参与者走向建设者和引领者（2001年以来）

随着中国越来越主动积极参与国际制度，中国在国际制度中的获益也越来越明显，在20世纪末提前实现了国民收入翻两番的增长目标，经济实力和综合国力得到了快速增长，而所有这些又进一步推动了中国以更加主动积极的心态加快和加深参与国际制度。这主要表现在两个方面：第一，在现存的国际制度中的作用不断增强。中国在联合国承担的日常费用和维和费用比例连续增长，在联合国安理会讨论解决叙利亚、利比亚、伊朗和朝鲜等问题时积极发挥作用，在国际货币基金组织和世界银行增资扩股，在二十国集团中表现更加积极，在全球气候谈判中发挥建设者和改革者的作用；第二，通过创建新的国际制度来填补原有国际制度的空间，并从整体上补充、完善国际制度体系。中国倡导并发起组织的上海合作组织、金砖国家银行、亚信会议、中国与中东欧国家“16+1”合作模式，亚洲基础设施投资银行、“一带一路”战略框架等。以上事实证明，在新世纪的头十五年中，中国已经从国际制度的参与者转向现有制度的建设者和改革者，以及新制度的建构者和引领者。

中国参与国际制度和全球治理的实践过程表明，中国在参与国际制度和全球治理中的身份也发生了巨大变化，逐渐地从国际合作的消极的旁观者转变为积极的参与者，从被动的适应者转变为主动的介入者，从承担较小责任的“搭便车者”转变为负责任的建设者、改革者和有所作为者，从一个旧国际制度的长期受害者和反抗者转变为一个正在形成中的新国际制度的建构者和引领者。

三、中国如何在国际制度中发挥作用

如前文所说，因为不同时期内国际环境的变化以及自身的实力和主观意愿的变化，中国在国际制度的身份、地位和作用也发生了转变。同样，在不同的国际制度中中国的身份地位和作用也有所不同。那么在各种不同的国际制度中中国应当如何确立自己的身份、地位和作用呢?

当今世界现存的和已经出现的国际制度大致可以分为传统型、修正型、创新型三种类型：

1. 传统型

所谓传统型国际制度，是指那些主要是在冷战期间由传统霸权国家在国际政治经济旧秩序基础上建立的国际制度。例如二战后建立的联合国体制、世界银行、国际货币基金组织、西方七国集团及其他全球性和地区性国际制度等。这些制度的基本规则由传统超级大国——主要是美国——主导设计并组织实施。因此，这种国际制度及相应的国际秩序是由传统大国起主导、引导和领导作用的，主要照顾传统大国的利益，并不能真正实现所有合作参与者的平等对话和协商合作，因此在管控和解决和平与发展的全球性问题时往往体现出大国政治选择性偏好的局限。尽管这一类国际制度在目前的全球治理中仍然发挥着重要的作用，但也面临着结构改革和规则修订的重大压力。

2. 修正型

所谓修正型国际制度，也可称为改良型国际制度，主要是指那些20世纪90年代冷战结束后新出现的国际合作制度，以及那些经过适当改革与调整的原有国际制度。例如二十国集团、亚太经合组织、亚欧会议、东盟“10＋3”机制，以及世界贸易组织等全球性和地区性国际制度。之所以称之为修正型国际制度，是因为此类国际制度在国际社会呼唤改革不平等的国际政治经济旧秩序的压力下，既保留了传统大国优势地位和特殊利益，又广泛吸收新兴发展中大国和中小国家参与，大国政治的色彩有所淡化，平等协商的成分也相应加重。这一类国际制度是目前全球治理的新生力量，正在发挥重要的作用。

3. 创新型

所谓创新型国际制度，是指那些基本上是21世纪之后出现的新型国际制度。例如前文提到的上海合作组织、金砖国家银行、亚信会议、中国与中东欧国家“16＋1”合作模式、亚洲基础设施投资银行、“一带一路”战略框架等。这一类国际制度主要由新兴发展中国家倡导建立，并在其中发挥主导作用。之所以称之为创新型国际制度，是因为此类国际制度完全不同于传统国际制度的大国政治属性和以旧秩序为基础的运行机制，是新兴发展中大国在和平与发展的全球性问题领域为了更好地维护自身的利益而构建和创立的新的国际制度。这一类国际制度是在原有国际制度尚未覆盖的空间建立的，并不刻意挑战和颠覆原有的国际制度和国际秩序，但更好地体现了所有成员平等协商、互利共赢的原则。目前，这一类国际制度已经出现并将会更多出现。可以预见此类国际制度在全球治理过程中将发挥越来越大的作用。

面对上述三种国际制度，中国应当明确在不同国际制度中自身的不同身份，并根据自己的身份定位确定自己的利益目标，进而承担相应的责任，发挥应有的作用。

首先，在传统型国际制度中，中国的身份应仍然为参与者和建设者的双重角色。在此类国际制度中，传统大国的领导地位不会拱手相让，它们仍会竭力维护自己制定的规则和既得利益，尽管如此，中国在其中同样能够获益并发挥积极的作用。因此我们应当坚持以互利共赢为宗旨的合作原则，不轻易否定、过度挑战现存的制度和秩序，从而在原有的国际制度框架内发挥与自身实力相称的积极作用。

其次，在修正型国际制度中，中国的身份应该为参与者、建设者或改革者的多重角色。在此类国际制度中，因为旧的国际秩序有所调整，平等协商的机会大大增加，所以中国的地位和作用也得到了增强。然而在此类国际制度中，中国在近期内成为引领者和主导者的可能性不大，也没有必要急于追求这样的身份。我们应该坚持参与者和建设者并行的身份，在可能的情况下争取成为一个旧秩序的改革者，主动积极地发挥应有的作用。

最后，在创新型国际制度中，中国的身份可以为建设者、改革者和引领者的多重角色。此类国际制度本来就是由中国及其他发展中国家倡导建立的，因此中国应当发挥主导和引导作用。当然，创新型国际制度不同于原有的国际制度的最大特点就是按照共商、共建、共享原则进行建构，以此推动新的国际秩序诞生。因此，中国应当避免原有国际制度大国政治的倾向，努力发挥共同建设新制度的积极作用。

总之，中国在参与、建设和引领国际制度，参与全球治理方面应当注意以下几点：第一，参与国际制度的目的不是为了挑战和颠覆现有的国际秩序，不是为了对抗，而是为了更好地合作。即便是创建新的国际制度也不是为了终结、替代现有的国际制度体系，而是为了在整体上补充和完善国际合作制度体系。第二，应当审慎、稳妥地完成自身在国际制度的身份由参与者向建设者和引领者的转变，不能急于求成，更不能追求在所有国际制度中争当引领者。在较长的时期内可能还是多种身份兼备更为有利。第三，在可能的情况下尽量发挥积极作用，影响国际制度的规则制定和国际秩序的合理改革。争取在修正型国际制度中具有更大的话语权，在创新型国际制度中更好地发挥引领者的作用。

中国国家主席习近平在 2015 年 9 月 28 日第七十届联合国大会一般性辩论的发言中提到："中国将始终做国际秩序的维护者，坚持走合作发展的道路。中国是第一个在联合国宪章上签字的国家，将继续维护以联合国宪章宗旨和原则为核心的国际秩序和国际体系。"在同年 10 月 12 日第十八届中央政治局第二十七次集体学习时又说："加强全球治理、推进全球治理体制变革已是大势所趋。"这些讲话已经为中国如何在国际制度和全球治理更好地发挥作用指明了方向。我们相信：只要自己的战略正确、方向明确、措施有力、应对得当，中国将在国际制度和全球治理中发挥越来越大的作用，为人类和平发展事业做出更大的贡献。

第二篇：实践篇

第五章

全球治理的中国探索之一：人类共同价值观——建立人类共有精神家园的最大公约数

人类只有一个地球，各国共处一个世界。同一个世界，拥有同一个梦想。人类社会的历史，就是从封闭、半封闭逐步走向半开放、全面开放的历史，也是从区域逐步走向全球的历史。

当今世界，各国相互联系、相互依存的程度空前加深，人类生活在同一个地球村里，生活在历史和现实交汇的同一个时空里，越来越成为“你中有我、我中有你”的命运共同体。这个命运共同体是各国人民共同的家园，需要牢固树立命运共同体意识，遵循人类共同价值。

一、人类共同价值是人类命运共同体的灵魂

“共同体”（community）即“人们在共同条件下所结成的集体”。共同体这一形式可谓由来已久，最早可追溯至城邦时代。自 1887 年德国社会学家斐迪南·滕尼斯在其发表的《共同体与社会》中首次提

出“共同体”这一概念以来，共同体便在多个领域得到发展，如利益共同体、经济共同体、政治共同体、区域共同体等。进入新世纪以来，中国开始注重人类命运共同体问题。2004 年，我国在解决发展困境时就提出中国应当构建与周边国家的“利益汇合点”，表现出了解决问题时的利益共同体视角。2011 年发布的《中国的和平发展》白皮书明确提出：“不同制度、不同类型、不同发展阶段的国家相互依存、利益交融，形成‘你中有我、我中有你’的命运共同体。人类再也承受不起世界大战，大国全面冲突对抗只会造成两败俱伤。”白皮书还提出：“国际社会应该超越国际关系中陈旧的‘零和博弈’，超越危险的冷战、热战思维，超越曾把人类一次次拖入对抗和战乱的老路。要以命运共同体的新视角，以同舟共济、合作共赢的新理念，寻求多元文明交流互鉴的新局面，寻求人类共同利益和共同价值的新内涵，寻求各国合作应对多样化挑战和实现包容性发展的新道路。”[①] 2012 年党的十八大报告中进一步强调了“人类命运共同体”意识。此后，“人类命运共同体”便成为我国外交话语体系中的高频词，成为中国对外政策的核心理念之一。

1. 人类命运共同体的生成

人类在地理大发现以前，基本处于自我封闭的自给自足状态。伴随地理大发现到来的资本主义时代开启了人类历史从单个民族的历史向世界历史转变的历程。“资产阶级，由于开拓了世界市场，使一切国家的生产和消费都成为世界性的了。……资产阶级，由于一切生产工具的迅速改进，由于交通的极其便利，把一切民族甚至最野蛮的民

① 国务院新闻办公室．中国的和平发展．新华网，2011－09－06.

族都卷到文明中来了。”[1] 时至今日，在世界多极化、经济全球化、文化多样化、社会信息化的综合作用下，随着资本、商品、信息、人才在全球范围内的快速流动，世界上的国家无论面积大小、发展程度如何、经济水平高低，都无一例外地被卷入全球化的进程中来，一个利益交融、安危与共的命运共同体也因此而形成。在这个共同体中，每个成员在实现自身利益的同时也不忘他国的合理关切，并以实现所有成员的共同发展为最终目标。人类之所以是一个命运共同体，是由如下特点决定的：

第一，人类生存上的依附性。

从自然环境上看，全球的自然环境，包括南北极、深海等地区，甚至外太空都是“世界公域”。一国范围内造成的影响，会波及很多相关国家。特别是在生态环境日益恶化的今天，这种影响的表现更为明显，破坏性也更强。例如温室气体的排放导致冰川融化、海平面上升，一些岛国甚至有可能在50年内消失。

从生存条件上看，由于人类相互依存且流动日益频繁，一国范围内发生的问题所造成的世界影响则更为突出。新世纪初期美国的“9·11”恐怖袭击以及此后世界各地暴发的系列恐怖事件，凸显了全球反恐的共同压力，产生于西非的埃博拉病毒引起了全世界范围内的高度关注，肇始于美国的国际金融危机带来了全球经济的衰退，当下的欧洲难民危机正向全球范围内扩散发酵。可见，生存上的相互依附使得全世界已成为牵一发而动全身的立体网络。

从政治角度上看，人类命运共同体可以说是反法西斯战争的直接产物。20世纪两次惨烈的世界大战以及此后持续不断的局部战争，唤醒

---

① 马克思，恩格斯．共产党宣言//马克思，恩格斯．马克思恩格斯选集：第1卷．北京：人民出版社，1972：254－255.

了人们对和平的渴望和建立正常世界秩序的诉求。正是由于人类对世界大战这一人间悲剧的深刻反省，二战后人们才着手建立起共同的协商机构——联合国，才一起制定出有关和平共处的原则——《联合国宪章》。换言之，是战争的结果让人们看到了世界人民紧密团结的力量，是战争中的命运与共让人们看到了构筑人类命运共同体的必要性与雏形。

第二，人类利益上的交互性。

经济全球化是推动区域经济一体化、形成人类命运共同体最为强劲的力量之一。“经济全球化大致经历了 3 个阶段。一是殖民扩张和世界市场形成阶段，西方国家靠巧取豪夺、强权占领、殖民扩张，到第一次世界大战前基本完成了对世界的瓜分，世界各地区各民族都被卷入资本主义世界体系之中。二是两个平行世界市场阶段，第二次世界大战结束后，一批社会主义国家诞生，殖民地半殖民地国家纷纷独立，世界形成社会主义和资本主义两大阵营，在经济上则形成了两个平行的市场。三是经济全球化阶段，随着冷战结束，两大阵营对立局面不复存在，两个平行的市场随之不复存在，各国相互依存大幅加强，经济全球化快速发展演化。”① 冷战结束后，经济全球化、区域一体化快速发展，不同国家和地区结成了“你中有我、我中有你、一荣俱荣、一损俱损”的关系。

“孤举者难起，众行者易趋。”在经济全球化背景下，各经济体一荣俱荣、一损俱损。在全球大分工的今天，一个民族国家内原材料、劳动力因素的局部变化将会影响整条产业链，一个国家汇率的变动会波及整个国际金融体系。在这种情况下，没有哪一个国家可以独善其身，只能树立命运共同体意识，选择协调合作，实现互利共赢。

---

① 习近平．在省部级主要领导干部学习贯彻党的十八届五中全会精神专题研讨班上的讲话．人民日报，2016－05－10（02）．

第三，世界范围内行为主体的联动性。

从 14 世纪的文艺复兴运动一直延续到 17 世纪的启蒙运动，把人从长达十多个世纪的蒙昧与黑暗中解放出来，人在开始张扬个性的同时也拥有了社会性。在社会性的主导下和交通通讯发展的催化作用下，各种国际组织随之诞生。当前国际行为主体除主权国家外，还包括国际组织、跨国公司等非国家行为体。每个人都可能同时是多个社会组织的成员，也有可能拥有多重国籍，拥有多元的身份和角色。加之信息技术的飞速发展，人和人之间的联结越来越密切，交往越来越频繁。与此同时，气候变化、粮食安全、能源资源安全、网络安全、流行性疾病、重大自然灾害等日益增多的全球性问题日益突出，全球发展不平衡加剧，霸权主义、强权政治和新干涉主义有所上升。这些全球性问题的出现，单靠某一个国家、某一个民族、某一个国际组织，即单靠国际社会中的某一个单一行为主体，根本不可能解决，必须展开多行为主体的联动。

正是基于以上一些原因，习近平于 2013 年 3 月 23 日在莫斯科国际关系学院发表的演讲中所言："这个世界，各国相互联系、相互依存的程度空前加深，人类生活在同一个地球村里，生活在历史和现实交汇的同一个时空里，越来越成为你中有我、我中有你的命运共同体。"①

2. 寻求人类共同价值的必要性与可能性

如果说人类只有一个地球，地球是我们共有的生存家园，那么，人类共同价值就是这个地球村里所有居民的共有精神家园。人类共同价值是人类生存和发展的基础。根据马克思的观点，人类的历史是自己创造的，但并不是随心所欲创造的，而是在既定的条件下创造的。

① 习近平．顺应时代前进潮流　促进世界和平发展：在莫斯科国际关系学院的演讲．光明日报，2013-03-24（02）．

同样地，对人类共同价值的需求也产生于当前的国际形势和世界格局。习近平指出：“世界格局正处在一个加快演变的历史性进程之中，和平、发展、进步的阳光足以穿透战争、贫穷、落后的阴霾。世界多极化进一步发展，新兴市场国家和发展中国家崛起已经成为不可阻挡的历史潮流。经济全球化、社会信息化极大解放和发展了社会生产力。既创造了前所未有的发展机遇，也带来了需要认真对待的新威胁新挑战。”① 因此，可以说当今国际社会中，发展趋势虽整体向好，但问题也层出不穷，特别是非传统安全问题开始占据主导地位。

由于世界各国发展的非均衡性，导致了世界各国的国家制度和意识形态均呈现出多样化、全球文化呈现多元化的特征，加上每个国家对外交往都以其国家核心利益为重，因此利益的不一致导致了在应对全球性问题及国际事件的过程中各个主权国家、地区、国际组织会采取不同的态度和处理方法，由此所导致的差异性一方面拖延了国际问题的解决进程，另一方面则可能引发其他的国际纠纷。因此，国际社会各行为主体需要摈弃冷战思维和零和博弈思维，并采取一种参与主体广泛认可的、以保持世界良好发展为目的的共同意识和原则，并在此基础上形成具有一定约束力的处理机制和国际规范，这种规范就是一种全球价值观，即人类共同价值。

其实，人类共同价值是客观存在的，这一点曾在联合国教科文组织的官方报告中得到承认。联合国教科文组织在其于 2006 年发布的《文化多样性与人类全面发展——世界文化与发展委员会报告》中指出：“即使在纷繁复杂的文化多样性之中，也有统一性存在。”② 人类

---

① 习近平．携手构建合作共赢新伙伴　同心打造人类命运共同体：在第七十届联合国大会一般性辩论时的讲话．人民日报，2015－09－29（02）．

② 联合国教科文组织，世界文化与发展委员会．文化多样性与人类全面发展：世界文化与发展委员会报告．张玉国，译．广州：广东人民出版社，2006：2.

共同价值的出发点在于虽然当前世界存在着各种各样的差异，也有不同形式和程度的冲突，但与此同时也存在一种超越冲突、从全人类立场出发、兼顾不同国家和民族利益、包容多样文化的人类共同价值。人类共同价值有三类主要来源：和平共处的需要、各文明中普遍的道德准则及国际社会中的法律、伦理、宗教传统。人类共同价值承载了人类对历史的共同思考。在各国人民的交流互鉴中，一些具有普遍性的基本价值也会得到认同，这种超越民族、超越国界、超越宗教差异的认同最终形成了对全人类价值的认同。这种认同构成了人类共同价值的思想基础。

此外，马克思曾指出："不是人们的意识决定人们的存在，相反，人们的社会存在决定人们的意识"①。从哲学角度上看，人类的"类本质"决定了其必然存在某些共同利益，并且这种共同利益将随着大生产的过程及人类不断同质化的过程日益增多并凸显。如前所述，人类生存上的依存性带来的基本共同利益、利益的交互性带来的生产上的共同利益和主体的联动性带来的发展的共同利益成为人类共同价值的现实基础。在实现这些共同利益时便产生了人类共同价值。因此，人类共同价值是人类追求的共同利益的表现，是对当代文明基本价值观的总的表述。

二、和平、发展、公平、正义、民主、自由，是全人类的共同价值

随着"人类命运共同体"成为我国外交高频词，作为共同体的价

① 马克思．政治经济学批判序言//马克思，恩格斯．马克思恩格斯选集：第2卷．北京：人民出版社，1972：82.

值目标和行为准则的人类共同价值也应运而生。2015 年 9 月 29 日，国家主席习近平在第七十届联合国大会一般性辩论时发表的题为《携手构建合作共赢新伙伴　同心打造人类命运共同体》演讲中阐明："和平、发展、公平、正义、民主、自由是全人类的共同价值，也是联合国的崇高目标。"① 这是我国领导人首次详细阐述人类共同价值。

根据其描述范围和侧重点，人类共同价值可分为三个维度：首先是满足人类基本生存需求的"和平"与"发展"；其次是满足社会健康成长需求的"公平"与"正义"；最后是满足世界政治有序发展需求的"民主"与"自由"。

首先，"和平"与"发展"是当今世界的主题，其满足了人类的基本生存需求。

"和平"是人类共同价值的基础，因为它直接关乎人类的生存。"和平是人民的永恒期望。和平犹如空气和阳光，受益而不觉，失之则难存。没有和平，发展就无从谈起。"② 没有和平，人类的未来将无法延续。自改革开放以来，中国历届党和国家领导人都特别强调和平与发展问题，党的文献中也频繁出现和平与发展字眼，中国共产党也相应提出了一系列促进人类和平与发展的主张。2013 年 3 月，习近平在出席金砖国家领导人第五次会晤前夕，接受国内外五家媒体记者联合采访时指出，中国将坚定不移走和平发展道路，并希望世界各国都走和平发展道路，共同致力于促进世界和平与发展；7 月 13 日与希腊总统帕普利亚斯的会晤中，两国首脑表示："维护和平是世界各国人民的共同愿望。"同年 12 月，习近平主席在与美国副总统拜登会晤时

---

① 习近平．携手构建合作共赢新伙伴　同心打造人类命运共同体：在第七十届联合国大会一般性辩论时的讲话．人民日报，2015－09－29（02）．

② 习近平．共同创造亚洲和世界的美好未来：在博鳌亚洲论坛 2013 年年会上的主旨演讲．光明日报，2013－04－08（01）．

再次指出："中美在维护世界和平稳定、促进人类发展进步方面肩负共同责任。"① 在2014年6月28日和平共处五项原则发表60周年纪念大会的讲话中，习近平强调，"对待国家间存在的分歧和争端，要坚持通过对话协商以和平方式解决……热衷使用武力，不是强大的表现，而是道义贫乏、理念苍白的表现"②。总体来看，和平的主题贯穿于我国外交活动的始终，也贯穿于发达国家和发展中国家及不发达国家交往各个层面。

发展才是硬道理。如果说和平关乎人类能否生存，那么发展则关乎人类生存的质量。正如习近平于2015年9月27日在联合国发展峰会上的讲话中所说的那样："唯有发展，才能消除冲突的根源。唯有发展，才能保障人民的基本权利。唯有发展，才能满足人民对美好生活的热切向往。"③ 当今的发展不仅涉及战争一类的高政治议题，还越来越多地涉及环境、气候、文化等低政治议题。习近平主席在联合国发表的演讲中提到"大家一起发展才是真发展，可持续发展才是好发展"。由此可见，习主席所谈的发展，从性质上说是包容、平等、可持续的发展，从覆盖领域上看则涉及了经济领域、环境领域和文化领域。习近平在和平共处五项原则发表60周年纪念大会上的讲话中曾指出："一些国家越来越富裕，另一些国家长期贫穷落后，这样的局面是不可持续的。"换言之，在发展的道路上，一个国家都不能掉队，每位世界公民都要有尊严地活着，否则将是整个世界的倒退。此外，一如习近平在联合国的演讲中所指出的那样："文明的相处需要和而

---

① 牢牢把握构建中美新型大国关系正确方向不动摇．人民日报，2013-12-05（01）.

② 习近平．弘扬和平共处五项原则　建设合作共赢美好世界：在和平共处五项原则发表60周年纪念大会上的讲话．光明日报，2014-06-29（02）.

③ 习近平．谋共同永续发展　做合作共赢伙伴：在联合国发展峰会上的讲话．人民日报，2015-09-27（02）.

不同的精神。只有在多样中相互尊重、彼此借鉴、和谐共存，这个世界才能丰富多彩、欣欣向荣……推动人类文明实现创造性发展。”这一点在文明冲突多发的今天尤为重要。包容发展就意味着用对话取代冲突，用交流取代排斥，用融合取代战胜。2014 年 3 月 27 日，习近平主席在联合国教科文组织总部发表的演讲中专门提到了人们对待不同文明所需要的“比天空更宽阔的胸怀”，其目的是从不同的文明中寻求智慧、汲取营养，为人们提供精神支撑和心灵慰藉，携手解决人类共同面临的各种挑战。在巴黎气候大会上，习近平主席强调可持续发展是面向未来的事业，不仅各国广泛参与、形成合力，还要根据自己的实际能力分担责任，以不妨碍国内人民消除贫苦、提高生活水平的合理需求。这种发展是对国家发展水平差异性的尊重，也与习近平主席 2016 年 1 月 16 日在亚洲基础设施投资银行开业仪式上所做出的承诺相契合，即“中国将始终做全球发展的贡献者，坚持奉行互利共赢的开放战略，欢迎各国搭乘中国发展的顺风车”①。

其次，“公平”“正义”是世界各国人民在国际关系领域追求的崇高目标，反映了人类社会健康生存的需求。

“公平”是摈弃了零和博弈、赢者通吃思维的公平，是致力于多赢的公平。习近平主席于 2014 年 6 月 28 日在和平共处五项原则发表 60 周年纪念大会上的讲话中阐明了“公平”的精髓，即“所有国家主权一律平等，反对任何国家垄断国际事务”②，并从主权、安全、发展等多个角度阐述了公平的具体意义，阐明了国家无论大小贫富，都应得到国际社会的尊重，都拥有国际社会成员的平等身份，其参与国际事务的权利也是平等的。“安全应是普遍的”，一国的安全不应以其他

① 习近平．在亚洲基础设施投资银行开业仪式上的致辞．光明日报，2016－01－17（02）.

② 习近平．弘扬和平共处五项原则　建设合作共赢美好世界：在和平共处五项原则发表 60 周年纪念大会上的讲话．光明日报，2014－06－29（02）.

国家的安全为代价，在非传统安全威胁多发的今天更是如此。同时，各国还应摈弃贸易保护主义、转嫁危机等意图和做法，使发展成果更好地惠及世界人民。简言之，公平就是把本国利益放到世界利益的框架内，达到前文所提到的利益汇合点。

“正义”是处理国际事务时协调各参与国利益和责任的基本原则，即注重道义而非个人私利自己的发展。2014 年 7 月 4 日，习近平在韩国国立首尔大学的演讲中谈到“坚持正确义利观”，强调在国际合作中“我们注重利，更要注重义”。并且要妥善处理二者关系，要始终遵循国际法和国际交往中的基本规则，要在秉持正义的基础上平等相待，要在互利共赢的基础上放眼长远，因为“只有义利兼顾才能义利共赢”①。同年 7 月 15 日，在巴西福塔莱萨举行的金砖国家领导人第六次会晤上，习近平指出要“坚定不移提高道义感召力……伸张正义，践行平等”②。此外，习近平在中国—拉共体论坛首届部长级会议开幕式上的致辞中再次强调了正义之“义”在于“讲信义、重情义、扬正义、树道义”③。可见，无论是与邻国的交往还是与周边国家的合作，抑或是与相隔甚远的发展中国家携手，我国的外交活动中都遵循着这种正确的义利观，而这种正确的义利观构成了建立以合作共赢为核心的新型国际关系的基础。

最后，“民主”与“自由”是世界政治秩序健康有序发展的需求。

人类命运共同体的本质体现在“共同”上，即共同解决各国所面对的共同问题，在这一情境下，合理有效的解决方式就显得极为重

---

① 习近平．共创中韩合作未来，同襄亚洲振兴繁荣：在韩国国立首尔大学的演讲．人民日报，2014－07－05（02）.

② 习近平．新起点、新愿景、新动力：在金砖国家领导人第六次会晤上的讲话．人民日报，2014－07－17（02）.

③ 习近平．共同谱写中拉全面合作伙伴关系新篇章：在中国—拉共体论坛首届部长级会议开幕式上的致辞．人民日报，2015－01－09（02）.

要。民主就是解决人类面对的共同问题、寻求人类价值最大公约数的重要手段，也是和平解决国际争端的重要准则之一。习近平曾在多个外交场合提到推动国际关系民主化的重要性，特别是在其出席的3次金砖国家领导人会晤上，关于推动国际关系民主化的论述始终贯穿其中。同为发展中国家，金砖国家为推动人类的和平与发展走到一起，其目的是使发展中国家在重大国际问题上共同发声，而非听取一个或几个国家的意见。此外，以制裁相威胁或诉诸武力不仅无助于问题的解决，更有可能激化矛盾。在整体国际环境并不安宁的今天，只有通过国际关系民主化才能让每个国家都有和平稳定的社会环境。2013年3月29日，习近平在刚果共和国议会上发表的演讲中再次强调，推动国际关系民主化就是推动人类文明进步，并以此保障世界的和平稳定，进而对人类共同利益起到促进作用。

自由并非行为体自身的行为不受干涉，而是建立在和平和独立的基础上的一种积极的自由，这种自由让每个国家都有能力去享受更为普遍的发展，而又不以其他国家的发展甚至生存为代价。在我国的外交实践中，自由的思想一直贯穿始终，也贯通各个领域。从经济上的自由贸易区，到政治上的和平共处，自由可以说是各个国家展开良性互动的基础。2015年9月27日，习近平在联合国发展峰会上发表讲话，提出要尊重彼此的发展选择。的确，自由意味着包容和尊重，意味着注重世界多样性这一客观事实，特别是意味着尊重各国根据自身情况自主选择自身的社会制度和发展道路。正如习近平主席反复强调的那样："天空足够大，地球足够大，世界也足够大，容得下各国共同繁荣发展。"①

承认人类共同价值，并不意味着否定各个民族自身的独特价值。人类共同价值是建立在承认彼此的特殊价值这样的基础上的，它承认

① 习近平．弘扬和平共处五项原则 建设合作共赢美好世界：在和平共处五项原则发表60周年纪念大会上的讲话．光明日报，2014-06-29（02）．

相对性，承认价值不是绝对的、永恒不变的。以联合国于 1948 年 12 月 10 日通过的《世界人权宣言》为例，该宣言的签订说明签字国就人权问题已达成基本共识，但并不意味着签字国对人权问题都有一致的认识而没有自己的想法。这种基本共识的前提和基础就是尊重彼此之间不同的看法。

三、 在全球治理进程中践行人类共同价值

当今世界并不太平，恐怖袭击和局部战争在全球范围内此起彼伏，少数大国在竞争中仍然我行我素，反全球化和“去全球化”运动依然呈现出增长趋势，如果任其发展，未来的世界将变得十分危险。造成这种局面的重要原因之一就是当前的世界格局仍是二战后形成的结构，发达国家仍在其中起主导性作用。虽然发展中国家的实力日益增强，贡献与日俱增，地位日益崛起，但国际话语权并未实质性提升。随着中国的和平崛起，我国与其他国家及国际社会的互动关系也需要在新形势下进行调整，以同国际社会其他成员一道，建立起以合作共赢为核心的新型国际关系。

1. 协作共赢，共享和平与发展

新型全球治理的重要特点之一就是多主体参与治理。作为最大的发展中国家，中国是全球治理体系的重要成员，中国的发展得益于国际社会，因而也要为世界的发展做出广泛贡献。因此，我国在参与全球治理、推动新型国际关系建立的过程中也致力于推动南南合作，带动其他发展中国家，特别是一些欠发达国家共同维护和平，共享发展成果，蕴含在“一带一路”战略构思中的丝路精神正是对携手共进的

完美诠释。2014 年 6 月 5 日，习近平在中阿合作论坛第六届部长级会议开幕式上的讲话中指出：“‘一带一路’是互利共赢之路……”“我们既要让自己过得好，也要让别人过得好。”① 只有世界好，各国才能发展得好，而亚投行的建立更是对我国与周边国家合作共赢这一承诺的践行。建立亚投行的目的，就是要满足亚洲地区基础设施建设的需求，从而使亚洲各国实现深化合作的愿望。

除与发展中国家发展友好的伙伴关系、开展良性互动和积极合作之外，中国同重要战略协作伙伴在发展新型大国关系时也向世界作出了优秀表率。中俄两国互为最主要、最重要的战略协作伙伴，双方在涉及对方核心利益问题上相互支持，在维护地区稳定中发挥了重要作用。② 而在美国安纳伯格庄园的“习奥会”中，习近平指出，中美双方应共同努力构建新型大国关系，相互尊重，合作共赢，从而造福两国人民和世界人民。因为中美两国合作好了，就可以做世界稳定的压舱石、世界和平的助推器。此外，在与周边国家和地区的热点问题上，中国将继续发挥建设性作用，坚持劝和促谈以维护和平稳定的大局。从“与邻为伴”到建设充满活力的亚太发展空间，再到同世界各国一道推进合作共赢，中国不是在谋求扩大政治势力范围，而是在切实地维护世界和平，给世界人民带来实实在在的利益。在承担责任和应对挑战的过程中，中国从未缺席。

2. 相互尊重，共筑公平与正义

要维护好国际公平正义，坚持各国的主权平等是基础。习近平主席于 2014 年 7 月 16 日在巴西国会的演讲中曾说道：“公平正义是世

---

① 习近平．弘扬丝路精神　深化中阿合作：在中阿合作论坛第六届部长级会议开幕式上的讲话．人民日报，2014－06－06（02）．

② 习近平．坚定不移走和平发展道路　坚定不移促进世界和平与发展．新华网，2013－03－20．

界各国人民在国际关系领域追求的崇高目标。在当今国际关系中，公平正义还远远没有实现。”[①] 在霸权主义、强权政治、新干涉主义以及各种形式的贸易保护主义有所抬头的今天，全球治理机制中仍存在着我们不能回避的问题，不同国家的发展还无法站在同一起跑线上。2013 年 3 月 27 日，习近平主席在南非德班举行的金砖国家领导人第五次会晤时发表的主旨演讲中提到：“不管全球治理体系如何变革，我们都要积极参与，发挥建设性作用，推动国际秩序朝着更加公正合理的方向发展，为世界和平稳定提供制度保障。”[②] 因此，从世界人民的长远利益上看，在坚持《联合国宪章》的宗旨和原则的基础上形成保障机制以协调各方面利益的诉求就变得十分必要，对于正在崛起中的发展中国家尤为如此。在世贸组织、二十国集团、金砖国家等多边机制内，应着力凝聚发展中国家的力量，为发展中国家赢得更多的话语权。值得一提的是，在互联网飞速发展的今天，习近平主席专门提到了网络主权所遭受的挑战。虽然互联网具有高度的流通性，进一步推动了全球化的发展，但各国都有必要也有权维护自己的信息安全。在网络空间治理方面，也需要开展积极有效的国际合作。总之，推动全球治理朝着更加公平正义的方向发展是全球治理的重要目标，这一目标的实现将使世界各国普遍获益。

3. 开放包容，共建自由与民主

“鞋子合不合脚，自己穿了才知道”。一个国家的发展道路合不合适，只有这个国家的人民才最有发言权。全球治理结构的完善和发展的空间也正在于此。每个国家的现实国情不同，面临的实际问题不

---

① 习近平．弘扬传统友好　共谱合作新篇：在巴西国会的演讲．光明日报，2014-07-18（02）.

② 习近平．携手合作　共同发展：在金砖国家领导人第五次会晤时的主旨讲话．人民日报，2013-03-28（02）.

同，因而选择的处理方式也不同。我们不能要求每个国家都采取同一种发展模式，这样不仅会阻碍世界的多极化发展，也会为强权政治和干涉主义创造机会。正如习近平在莫斯科国际关系学院发表的演讲中所谈到的那样："世界的命运必须由各国人民共同掌握。各国主权范围内的事情只能由本国政府和人民去管。"① 推动国际关系民主化就是推动人类文明的进步。在我国的外交实践中，习近平多次提到"推动国际关系民主化"，从中国与东盟的合作到中法建交50周年的纪念大会，再到中美的庄园会晤、中俄的战略合作，我国政府着力强调各层次的沟通和协调，旨在夯实国际关系中的社会基础和民意基础，共同维护国家权益。近年来，我国与多个国家互办文化交流年，就是要促进不同国家发挥各自优势，促进世界文明的多元共生、包容共进。习近平主席用大国外交的风范证明了"垄断国际事务的想法是落后于时代的，垄断国际事务的行动也肯定是不能成功的"②。

综上所述，中国是人类命运共同体的倡导者，更是践行者。无论是"一带一路"倡议、亚洲基础设施投资银行之类的带动国际伙伴共富的项目，还是在全球经济、政治文化中所扮演的重要角色，在开拓出一条积极而不失审慎的新型大国外交之路的同时，中国也正在提供全球治理的"中国方案"。世界各国都有其各自的核心利益，也因此而产生了相应的外交价值观，这些价值观可以看作国际社会中一个个不同的支点。而人类共同价值正是将这些支点或汇聚、或联结，并通过共商、共治、共建等原则推动着全球治理新秩序的建立，推动着人类共同发展和共同兴盛的实现。

---

① 习近平．顺应时代前进潮流　促进世界和平发展：在莫斯科国际关系学院的演讲．光明日报，2013-03-24（02）．

② 习近平．弘扬和平共处五项原则　建设合作共赢美好世界：在和平共处五项原则发表60周年纪念大会上的讲话．人民日报，2014-06-29（02）．

第六章

全球治理的中国探索之二：倡导新型国际关系与新安全观

“大道之行也，天下为公。”面对国际形势的深刻变化和世界各国同舟共济的客观要求，十八大以来，以习近平同志为核心的党中央，在继承新中国成立以来外交战略思想的基础上，以中国传统文化为底蕴，根据国际、国内形势的变化，创造性地提出构建“以合作共赢为核心”的新型国际关系与新安全观。新型国际关系与新安全观既丰富和发展了中国外交战略思想，也是对西方国际关系理论的深刻反思和超越，其必将影响着未来国际关系、世界政治的发展，同时也会推动全球治理向更加公正、合理的方向发展。新型国际关系与新安全观是对近代以来西方倡导和秉承以联盟和对抗为核心的国际关系思想的反正，为全球治理贡献了中国的智慧。本章将在系统梳理新型国际关系与新安全观提出的过程、背景的基础上，剖析其核心内涵与实践，最后提出对全球治理的启示与贡献。

一、 新型国际关系与新安全观的提出与背景

1. 新型国际关系与新安全观的提出

十八大以来，围绕要建立一个什么样的新型国际关系，习近平总

书记明确指出，各国应该共同推动构建以合作共赢为核心的新型国际关系。据不完全统计，“新型国际关系”在习近平总书记的公开讲话与文章中出现次数超过 50 次。

2013 年 3 月 23 日，习近平在莫斯科国际关系学院的演讲中指出：“面对国际形势的深刻变化和世界各国同舟共济的客观要求，各国应该共同推动建立以合作共赢为核心的新型国际关系，各国人民应该一起来维护世界和平、促进共同发展。”①

2013 年 3 月 27 日，在金砖国家领导人第五次会晤时的主旨讲话中他又指出：“不管国际风云如何变幻，我们都要始终坚持和平发展、合作共赢，要和平不要战争，要合作不要对抗，在追求本国利益时兼顾别国合理关切。”② 当今世界，新型的合作共赢关系，是世界各国人民追求和平实现发展的最好选择。正如习近平强调指出的，今天的人类比以往任何时候都更有条件朝和平和发展的目标迈进，而合作共赢就是实现这一目标的现实途径。

2014 年 11 月，习近平主席在中央外事工作会议上指出：“我们要坚持合作共赢，推动建立以合作共赢为核心的新型国际关系，坚持互利共赢的开放战略，把合作共赢理念体现到政治、经济、安全、文化等对外合作的方方面面。”③ 这是中国第一次鲜明系统地提出建立“新型国际关系”这一宏大构想，并把它作为中国外交新时期的指导原则，即“推动建立以合作共赢为核心的新型国际关系”。

2015 年 9 月，习近平在联合国大会一般性辩论时发表重要讲话指

---

① 习近平．顺应时代前进潮流 促进世界和平发展：在莫斯科国际关系学院的演讲．光明日报，2013－03－24（02）.

② 习近平．携手合作 共同发展：在金砖国家领导人第五次会晤时的主旨讲话．人民日报，2013－03－28（02）.

③ 习近平．高举和平、发展、合作、共赢旗帜．人民日报（海外版），2014－12－01（01）.

出："当今世界，各国相互依存、休戚与共。我们要继承和弘扬联合国宪章的宗旨和原则，构建以合作共赢为核心的新型国际关系，打造人类命运共同体。"① 要建立平等相待、互商互谅的伙伴关系，营造公道正义、共建共享的安全格局，谋求开放创新、包容互惠的发展前景，促进和而不同、兼收并蓄的文明交流，构筑尊崇自然、绿色发展的生态体系。

2016年6月6日，在第八轮中美战略与经济对话和第七轮中美人文交流高层磋商联合开幕式上的讲话中，习近平指出："现在世界多极化、经济全球化、社会信息化深入推进，各国利益紧密相连。零和博弈、冲突对抗早已不合时宜，同舟共济、合作共赢成为时代要求。"②

与新型国际关系相关联，自党的十八大以来，习近平总书记代表中国政府就安全问题在不同场合有诸多新的阐述，形成了新时期中国政府的新安全观。20世纪90年代以来，中国政府提出了以互信、互利、平等、协作为核心的"新安全观"，新安全观是指导我国国家安全战略的重要思想。随着近年来国际、国内安全形势出现的新变化、新问题，习近平总书记在其系列讲话中多次重新论及安全问题，并逐渐形成了全面、新颖、有针对性并且紧扣世界发展形势的安全战略思想，对我国应对国内外各种挑战，维护国家安定、地区稳定、世界和平具有重要指导意义。

首先是总体国家安全观的提出。总体国家安全观是习近平总书记在2014年4月国家安全委员会召开第一次会议时提出的。总体国家安全观重点强调要"以人民安全为宗旨，以政治安全为根本，以经济

① 习近平．携手构建合作共赢新伙伴　同心打造人类命运共同体：在第七十届联合国大会一般性辩论时的讲话．人民日报，2015-09-29（02）.

② 习近平．为构建中美新型大国关系而不懈努力：在第八轮中美战略与经济对话和第七轮中美人文交流高层磋商联合开幕式上的讲话．新华网，2016-06-06.

安全为基础，以军事、文化、社会安全为保障，以促进国际安全为依托，走出一条中国特色国家安全道路”①。此外，要贯彻落实总体国家安全观，就必须重视五对安全，即外部安全与内部安全；国土安全与国民安全；传统安全与非传统安全；发展问题与安全问题；自身安全与共同安全。这一安全观的提出与当前中国面临的安全威胁更加复杂多样有密切关系。应该说，总体国家安全观更多侧重于中国如何维护自身安全，强调中国特色的国家安全观。

其次是国际社会应该树立什么样的新安全观问题。习近平在2013年4月7日出席博鳌亚洲论坛2013年年会时提出了“综合安全、共同安全、合作安全”的理念。同年10月3日，习近平在印度尼西亚国会发表的演讲中，再次提到“我们应该摒弃冷战思维，积极倡导综合安全、共同安全、合作安全的新理念，共同维护本地区和平稳定”②。因而，“综合安全、共同安全、合作安全”可以视为习近平就如何应对安全问题形成的初步构想。在2014年5月21日召开的亚信会议第四次峰会上，习近平完整阐述了其“共同、综合、合作、可持续”的亚洲安全观。虽然这一安全观的首次提出是就亚洲安全问题而言的，但是“共同、综合、合作、可持续”的安全观绝不仅限于亚洲安全问题。在2014年6月28日，习近平出席和平共处五项原则发表60周年纪念大会时说道：“各国都有平等参与国际和地区安全事务的权利，也都有维护国际和地区安全的责任。我们要倡导共同、综合、合作、可持续安全的理念，尊重和保障每一个国家的安全。”③ 在同年

---

① 习近平主持国安委首次会议 阐述国家安全观．新华网，2014-04-16．

② 习近平．携手建设中国—东盟命运共同体：在印度尼西亚国会的演讲．人民日报，2013-10-04（02）．

③ 习近平．弘扬和平共处五项原则 建设合作共赢美好世界：在和平共处五项原则发表60周年纪念大会上的讲话．人民日报，2014-06-29（02）．

7月16日，习近平在巴西国会发表演讲时再次提到："我们应该倡导共同、综合、合作、可持续安全的理念，尊重和保障每一个国家的安全，加强国际和地区合作，共同应对日益增多的非传统安全威胁。"[①] 由是可见，习近平所提出的"共同、综合、合作、可持续安全观"是应对国际社会安全事务的全新理念，是尊重和保障国家安全、地区安全和国际安全的重要创新。

2. 新型国际关系与新安全观提出的背景

从宏观视野看，构建"以合作共赢为核心的新型国际关系"具有深刻的时代背景、理论背景和国内背景，对于在国际舞台上扮演日益重要角色的中国而言，倡导新型国际关系正当其时。

倡导新型国际关系是应对世界秩序变革、引领时代发展方向的紧迫需要。从威斯特伐利亚体系到维也纳体系，从凡尔赛—华盛顿体系到雅尔塔体系，维系国际秩序稳定的理念和制度始终处于变化发展之中，不断变革的世界秩序呼唤与时俱进的治理理念和制度设计。经济全球化和地区一体化已经将各个国家的命运紧密联结在一起，你输我赢的零和博弈已然丧失了现实的土壤，如何在共同利益中实现国家利益成为各国需要面对的课题。同时，全球性问题的广泛出现和日益严峻也考验着国际社会的合作水平与治理能力。恐怖主义的"进化"和蔓延凸显了美国主导的"反恐战争"的局限所在；[②] 民族分离主义的

① 习近平．弘扬传统友好 共谱合作新篇：在巴西国会的演讲．人民日报，2014-07-18（03）．

② 钱雪梅．基地的"进化"：重新审视当代恐怖主义威胁．外交评论（外交学院学报），2015（1）：113-135；王晋．"伊斯兰国"与恐怖主义的变形．外交评论（外交学院学报），2015（2）：138-156；刘乐．社会网络与"伊斯兰国"的战略动员．外交评论（外交学院学报），2016（2）：82-109．

传染性扩散侵蚀着主权规范的合法性；① 空前的难民危机使扮演“全球治理先锋”角色的欧盟遭遇巨大挫折；② 金融危机带来的长周期经济衰退带来了一系列棘手的公共问题。③ 以上种种问题无一不需要各国拓宽合作领域、深化合作层次，从而消解国际秩序动荡带来的诸多不利影响。然而现有的国际制度安排并不能够提供有效的解决途径，新兴经济体和发展中国家的声音与利益被长期忽视，国际共识的达成艰难而坎坷。相反，以南海问题、钓鱼岛问题为代表，一些曾经得到有效管控的双边问题却在近年被人为放大，甚至被事实上国际化，成为阻碍各国切实开展全球治理合作的巨大障碍。在这背后实际上反映了国际关系旧有的冷战思维、狭隘的国家私利的负面推动力量。因而，倡导新型国际关系就是对冷战对抗、零和博弈的僵化思维的突破，事关中国能否兑现和平崛起承诺、能否证伪“修昔底德陷阱”、能否维护地区和平稳定、能否引领时代发展方向，对 21 世纪国际关系的前景具有重要的指示性意义。

倡导新型国际关系是超越西方传统国际关系理论、重塑国际话语体系的可行路径。国际关系理论在一定程度上影响着人们的主观认知，指导着国家的政策实践，西方主流国际关系理论为理解当代世界提供了多种视角，有其自身的独特价值和优势。但是，世界的纷繁复杂需要同样多元的理论棱镜才能得以透视，时代的变化发展也需要对既有理论进行丰富和更新。无论是以现实主义、自由主义、建构主义为代表的主流体系理论，还是以霸权稳定论、民主和

① 杨恕，李捷．分裂主义国际化进程研究．世界经济与政治，2009 (12)：6-16；岳鹏．苏格兰独立公投视角下的民族主义结构矛盾．欧洲研究，2015 (3)：113-129.

② 宋全成．欧洲难民危机：结构、成因及影响分析．德国研究，2015 (3)：41-53；宋全成．欧洲难民危机政治影响的双重分析．欧洲研究，2016 (1)：128-142.

③ 陈玉刚．金融危机、美国衰落与国际关系格局扁平化．世界经济与政治，2009 (5)：28-34；金灿荣，马鑫．未来十年世界六大忧思．国际关系学院学报，2012 (1)：1-5.

平论、规范扩散论为代表的中层理论，普遍体现了以西方国家为主体的思考出发点和价值判断标准，因而难以成为化解全球治理困境的“灵丹妙药”。具体来看，在全球治理问题上，现实主义的全球治理观推崇“自由霸权”强有力领导下的体系稳定，却对霸权国领导方式带来的破坏和平、欺凌弱国、干涉内政等非道德行为视而不见；[①] 自由主义的全球治理观虽然强调国际制度对国际合作的促进作用，描绘了“自由主义利维坦”主导下国际秩序的长久生命力，却忽略了国际制度非中性背后的制度霸权，从而在根本上漠视了广大发展中国家的利益。[②] 作为崛起中的大国，中国的外交理念同时也是中国知识界和政策实践者关于21世纪国际关系性质和运行方式的理论性思考，代表了非西方世界的新兴大国对世界秩序的主动话语塑造。尽管由于话语主导权的缺失，中国对新型国际关系的倡导也许暂时难以撼动传统理论的“统治”地位，但这却是超越西方国际关系理论的一次重大尝试，其提出必将逐渐打破人们对国际政治的固有认知、对中国崛起的既有偏见，让合作共赢的理念深入人心。同时，这也将是中国为解决全球治理难题、维护世界秩序稳定做出的积极贡献。

倡导新型国际关系是深化国内改革、实现中华民族伟大复兴的重要保障。任何外交政策的实践都以服务国内政治需要为重要原则，中

---

① 关于现实主义的全球治理观，参见罗伯特·吉尔平．世界政治中的战争与变革．宋新宁，杜建平，译．上海：上海人民出版社，2007.

② 关于自由主义的全球治理观，参见罗伯特·基欧汉．霸权之后：世界政治经济中的合作与纷争．苏长和，等译．上海：上海人民出版社，2012；IKENBERRY J. Liberal Leviathan: The Origins, Crisis, and Transformation of American World Order, Princeton: Princeton University Press, 2011. 刘青建．发展中国家与国际制度．北京：中国人民大学出版社，2010.

国倡导的新型国际关系同样有利于为中国自身发展提供良好的国际环境。党的十八大报告重申，“我国是世界最大发展中国家的国际地位没有变”[①]，这显示出深化国内改革、促进经济发展仍是中国当前的中心目标。国家资源的有限性决定了国家战略手段与战略目标相匹配的重要性，这就需要中国主动塑造有利于自身经济发展的和平周边环境。因而与周边国家形成“利益共同体”“责任共同体”和“命运共同体”，与美国建立“不冲突不对抗、相互尊重、合作共赢”的新型大国关系，与世界多数国家构建“全球伙伴关系网络”就成为了中国统筹国内国际两个大局的明智之举。实现中华民族伟大复兴的“中国梦”，不仅需要中国自身可持续的发展，还需要中国国际地位的提升、国际话语权的增强、国际影响力的扩展。更为关键的是，真正的民族复兴在于为世界发展和人类福祉做出中华民族的原创性贡献，这才是中国成为负责任的全球性大国的标志之一。新型国际关系的提出和倡导，是中国走向全球性大国的成长之路上的里程碑，标志着正在崛起的中国更加深入地参与世界、影响世界、引领世界的崭新开端。

在全球化时代，安全问题来源的多样性以及中国面临安全挑战的多样化使我们需要确立新的安全观。当今世界，全球化是其显著特征之一。在全球化时代，各国经济、政治、文化、科技等领域的交流愈发便捷，联系也愈发紧密，在给各国带来好处的同时，也不可避免地产生诸多弊端，最明显的弊端之一就是安全威胁更加复杂。在全球化出现之前，国家面对的往往只是来自他国的军事威胁，是对领土和主

① 胡锦涛．坚定不移沿着中国特色社会主义道路前进　为全面建成小康社会而奋斗：在中国共产党第十八次全国代表大会上的报告．人民日报，2012-11-18（02）.

权产生的威胁。这一类安全威胁被称为“传统安全威胁”。随着全球化的深入发展，各国交往更加密切，跨国犯罪、毒品走私、传染病跨境传播等新的安全威胁层出不穷。特别是全球化所带来的各国密切的经济联系使得一国发生的经济危机可以迅速波及全世界，因而经济安全问题应运而生。这些新出现的安全威胁被统称为“非传统安全威胁”。这种威胁来自非传统安全领域，即除了传统安全以外的危及一切国家安全的全部因素，包括经济安全（金融安全、贸易安全、货币安全、财政安全）、政治安全、文化安全、科技安全、人才安全、信息安全、生态安全、能源安全、国际恐怖主义、民族分裂主义、跨国犯罪等。目前的安全形势呈现出安全威胁更加多样，非传统安全威胁日益严重，且呈现出与传统安全威胁相互交织的局面。面对如此的安全形势，中国需要一个全方位、立体化的安全战略思想作为指导，积极应对。由此，总体国家安全观应运而生。

同时，中国政府倡导“共同、综合、合作、可持续安全”的理念，尊重和保障了每一个国家的安全，契合了国际社会今天面临的安全现实。二战后国际社会主流的安全观是强调部分国家安全，具有明显的西方烙印，自我安全和西方国家整体的安全是其主要关切，二战后美国构筑的联盟体系就是为维护自己和西方安全的排他性制度，并且以自己的双边和多边联盟制度为核心，以取代甚至架空联合国的功能。冷战结束以来，传统安全体系并未终结，美国不断在地区和国际事务中强化自己和联盟国的安全感，而置他国于不安全的境地，安全体系和制度呈现零和博弈特征。这样的安全体系并不符合今天国际社会面临的安全威胁，反而造成了其他国家的不安全感，从而形成了安全困境，加剧了国际安全局势的紧张状况。

二、 新型国际关系与新安全观的内涵与实践

1. 新型国际关系的内涵与实践

从内涵上看，新型国际关系以共赢为最终目标，通过合作实现共赢，最终打造人类命运共同体。在实现经济、政治、安全、文化、生态等目标的过程中，要“坚持正确义利观，做到义利兼顾，要讲信义、重情义、扬正义、树道义。要坚持不干涉别国内政原则，坚持尊重各国人民自主选择的发展道路和社会制度，坚持通过对话协商以和平方式解决国家间的分歧和争端，反对动辄诉诸武力或以武力相威胁”[①]。

具体而言，第一，要构建“结伴而不结盟”的伙伴关系，重点是构建新型大国关系。要坚持主权平等原则，充分尊重各国意愿；坚持多边主义，不搞排他性结盟，致力于构建国际和区域层面的全球伙伴关系。此外，伙伴关系中的重点则是大国关系。[②] 在如何处理与大国的关系这一点上，2012 年 2 月，时任国家副主席的习近平代表中国首次提出了中美共建新型大国关系的愿景。之后在 2013 年 4 月 13 日，习近平在会见美国国务卿克里时，对“新型大国关系”进行了阐释：“希望双方坚持从战略高度和长远角度把握两国关系，以积极态度和发展眼光推进对话合作，以相互尊重、求同存异精神妥处分歧矛盾，不断充实合作伙伴关系的战略内涵，走出一条平等互信、包容互鉴、

① 习近平．高举和平、发展、合作、共赢旗帜．人民日报（海外版），2014－12－01（01）．

② 杨洁勉．新型大国关系：理论、战略和政策建构．国际问题研究，2013（3）：15．

合作共赢的新型大国关系之路。”① 虽然构建新型大国关系始于中美关系，但不局限于此，它不仅包括中国与美日欧等传统大国的关系，也包括中国与以金砖国家为代表的新兴大国之间的关系。新型大国关系的重点无疑是中美关系，典范是中俄关系，着力点是中欧关系，难点是中日关系，增长点是中国与金砖国家的关系。②

第二，要树立“共同、综合、合作、可持续安全”新观念，构建新型安全格局。在当今的全球化时代，每个国家都相互关联、相互影响，仅凭一己之力早已难以维护本国的安全，安全的威胁困扰着每一个国家，传统安全威胁与非传统安全威胁相互交织。因此，只有彼此合作共同面对，方能收获持久安全。故而牢固树立“共同、综合、合作、可持续安全”的观念，携手应对层出不穷的安全威胁，商讨有效解决之道，构建公道正义、共建共享的新型安全格局才是维护国家安全、世界和平的正确选择。

第三，要秉承开放精神，以创新为推动力，互助互惠共同发展。经济全球化的发展早已使世界各国的经济紧密相连，经过 2008 年的全球性金融危机，各国更应当意识到在经济发展上，早已是“一荣俱荣，一损俱损”。只有秉承开放精神，始终以创新为推动力，摈弃狭隘的保护主义，互帮互助，互惠互利，打造利益共同体，谋求共同发展，才能有助于全球经济稳定运行，才能推动国际秩序不断向公平正义的方向发展。

第四，要尊重文明多样性，促进不同文明交流互鉴。当今世界有 2 500多个民族和为数众多的宗教，它们以独有的智慧创造了极为多样的文明，每一种文明都是人类重要的精神财富。不同文明之间应当互相尊重，它们之间不存在高低、优劣之分。不同文明间的交流互鉴

---

① 习近平会见美国国务卿克里．新华网，2013－04－13.

② 杨洁勉．新型大国关系：理论、战略和政策建构．国际问题研究，2013（3）：11.

使得彼此能够加深了解，在交流中彼此融合、发展，从而推动人类文明生生不息。

第五，要树立尊重自然的理念，共谋全球生态文明建设之路。人类过去百年间的快速发展，给生态系统造成了严重破坏，如今的自然环境亟须改善。因此，必须树立起尊重自然的理念，改变生产生活方式，走绿色、低碳、节能、循环、可持续发展之路。这不是某一国的责任，而是全人类共同的责任，为了人类的续存，各国都应主动承担起责任，特别是在应对气候变化过程中，发达国家应承担起历史性责任，率先兑现承诺，在资金和技术上帮助发展中国家减缓和适应气候变化。

2. 新安全观的内涵与实践

总体国家安全观是习近平总书记在中央国家安全委员会召开第一次会议的讲话中提出的："当前我国国家安全内涵和外延比历史上任何时候都要丰富，时空领域比历史上任何时候都要宽广，内外因素比历史上任何时候都要复杂，必须坚持总体国家安全观，以人民安全为宗旨，以政治安全为根本，以经济安全为基础，以军事、文化、社会安全为保障，以促进国际安全为依托，走出一条中国特色国家安全道路。"① 习近平进一步指出，要贯彻落实总体国家安全观，就必须重视五对安全，即外部安全与内部安全；国土安全与国民安全；传统安全与非传统安全；发展问题与安全问题；自身安全与共同安全。

在对五对安全关系进行论述的基础之上，近年来，习近平特别强调坚持传统安全与非传统安全并重，即我国要"构建集政治安全、国土安全、军事安全、经济安全、文化安全、社会安全、科技安全、信

① 习近平主持国安委首次会议 阐述国家安全观. 新华网，2014-04-16.

息安全、生态安全、资源安全、核安全等于一体的国家安全体系”①。同时要关注新兴的发展与安全问题，这是因为当今世界的安全形势更加复杂，并且随着全球化深入发展，各国安全更加紧密地联系在一起。作为快速前进的发展中大国，中国在重视自身发展、努力实现中国梦的同时也意识到中国梦与世界梦的互通互融，因此，要构建一个更加和平繁荣的世界和中国，就必须对这些安全问题加以重视并积极应对。

在对总体国家安全观的实践上，中国近年来特别重视非传统安全。在“9·11”事件发生之后，“恐怖主义”这一由来已久的安全威胁以前所未有的冲击力震撼了全世界，这场恐怖袭击不仅改变了美国的国家政策，也让世界其他国家纷纷对恐怖主义威胁加以重视。中国也面临着恐怖主义的威胁。中国历史悠久，幅员辽阔，民族众多，历史遗留原因以及现实状况使得我国面临着来自“藏独”势力和“东突”恐怖组织的威胁。面对恐怖主义威胁，中国积极应对，广泛开展国际合作，交流反恐经验，其中上海合作组织经过15年的发展更是成为打击“三股势力”的重要平台，并于2016年正式启动了接纳印度和巴基斯坦为正式成员国的程序。此外，中国积极参与应对气候变化的多项国际机制，坚持共同但有区别的责任原则，主动承担减排责任，在推动应对气候变化的全球治理中发挥了重要的建设性作用。

在2014年5月21日召开的亚信会议第四次峰会上，习近平完整阐述了“共同、综合、合作、可持续”的地区安全观。所谓“共同”，就是要尊重和保障每一个国家安全。这种安全应该是普遍的、平等的、包容的。“综合”就是要统筹维护传统领域和非传统领域安全。传统安全威胁和非传统安全威胁相互交织，安全问题的内涵和外延都

① 习近平主持国安委首次会议 阐述国家安全观．新华网，2014-04-16.

在进一步拓展。因此，要通盘考虑亚洲安全问题的历史经纬和现实状况，多管齐下、综合施策，协调推进地区安全治理。“合作”就是要通过对话合作促进各国和本地区安全。要通过坦诚深入的对话沟通，增进战略互信，减少相互猜疑，求同化异、和睦相处。要着眼各国共同安全利益，从低敏感领域入手，积极培育合作应对安全挑战的意识，不断扩大合作领域、创新合作方式，以合作谋和平、以合作促安全。“可持续”就是要发展和安全并重以实现持久安全。发展是安全的基础，安全是发展的条件。要推动共同发展和区域一体化进程，努力形成区域经济合作和安全合作良性互动、齐头并进的大好局面，以可持续发展促进可持续安全。①

自“共同、综合、合作、可持续”的安全观提出以来，中国积极践行这一安全观，其突出体现在与东盟开展的安全合作中。中国与东盟十个成员国在地理位置上毗邻，双方共同面临来自海盗、恐怖主义、毒品等的威胁，此外，在中国提出的“一带一路”战略中，东盟所处区域正是其中“21 世纪海上丝绸之路”的重要区域，要构建好“21 世纪海上丝绸之路”，离不开东盟的支持。在具有良好合作历史的基础上，双方就海上安全、经济安全、信息安全、反恐、禁毒、公共卫生等领域开展了多层次、宽领域的合作，并取得了良好的成效。

三、 新型国际关系与新安全观对全球治理的启示

中国倡导的新型国际关系与新安全观涉及经济、政治、安全、文

① 习近平．积极树立亚洲安全观　共创安全合作新局面：在亚洲相互协作与信任措施会议第四次峰会上的讲话．人民日报，2014－05－22（02）．

化、生态等诸多领域，突出了和平、合作、发展、包容、共赢等核心理念，可以为国际社会合作真正开展富有成效的全球治理提供如下启示。

第一，新型国际关系与新安全观体现了非西方世界的理念贡献，有利于消除“霸权治理”和“西方治理”的虚假光环，推动多元声音和多元力量参与实现全球治理。中国倡导的新型国际关系重视新兴经济体和发展中国家的利益，弥补了现有国际机制中非西方世界代表性不足的缺陷。世贸组织谈判的停滞不前、国际货币基金组织改革的缓慢艰难、七国集团实施世界经济治理的有心无力等等，这一系列困境既显示了西方发达国家与发展中国家的重大利益分歧，也体现了吸纳广大发展中国家真正参与全球治理的必要性。从联合国的改革到二十国集团机制、金砖国家机制的兴起和发展，越来越表明尊重不同文明、不同国家利益需求的重要意义。新型国际关系倡导包容共鉴、共同发展，为深化全球治理奠定了思想和理念的基础。价值多元的世界需要超越西方所谓普世价值的秩序设计，充分尊重特殊性、包容特殊性的国际秩序才更有可能促进世界的和谐。

第二，新型国际关系与新安全观重新定义全球治理中的“标准”问题，有利于实现公平与效率的平衡兼顾，提升国际社会面对全球性议题的问题解决能力。当前的全球治理之中，“西方标准”在各个议题领域盛行，民主、人权、良治等标准成为接受国际发展援助、参与自由贸易区合作，乃至进入某些国际组织门槛的前提条件。固然这种“高标准”的附加性条件可以在一定程度上保证贸易、投资、援助的公平性，也部分有效地规避了国际公共产品沦为国内政治及私人物品的可能性。然而，这种西方主导的“公平”却忽视了历史造成的国家发展阶段不同步的现实，所设立标准往往高于众多发展中国家的国家能力，在其面临困难急迫需要国际社会援助之时关上了通过国际合作解决问题的大门。这种无视效率的“公平”在现实世界中更多的是一种不公平，它使各国间的发展差距长期固化甚至不断拉大，在总体上无助于国际社会的共同发展和繁荣。中国倡导的新型国际关系坚持“正确的义利观”，强调“义”字当先，充分照顾各国的现实国情，能够更好地做到想人所想、急人所急、排忧解难。① 同时，中国所坚持的义利观也有助于人性和人情回归全球治理，从而超越仅仅高举“人权”大旗的利己主义的全球治理。

第三，新型国际关系与新安全观重新思考国家利益与全球治理的关系，使国家超越对“国家利益最大化”的狭隘理解和片面追求。尽管追求国家利益是国家永恒的目标，但需要认识到的是，国家利益并不是一成不变的，其同样可以通过国际规范的内化和行为体的互动获得与重新建构。并且，国家利益最大化很难依靠个体理性得以实现，国家亟须以“公共理性”重新思考国家利益的实现形式和路径，使国家利益从最大化走向合理化。② 遵循这一逻辑，更有可能出现的局面是各国在争端问题上通过妥协实现双赢，在公共问题上通过合作实现共赢。同时，告别对“国家利益最大化”的追求，也许更可能实现各国国家利益的合理化，也只有合理化的国家利益才更可能促使各国突破合作的瓶颈，从而在这个全球化时代实现真正有效的全球治理。

第四，新型国际关系思想能够使国际社会重新审视全球治理的价值观。从字面上看，可能看不出“全球治理”的价值取向，但考察全球治理的内涵可以看出其还是深刻体现了西方的价值观。一般认为，今天的全球治理理论及其实践，是西方近现代以来特别是二战结束以

① 白云真．中国对外援助的战略分析．世界经济与政治，2013 (5)：70－87.

② 刘彬，蔡拓．“国家利益最大化”的反思与超越．国际观察，2015 (5)：1－15.

来西方对其国家治理的逻辑延伸。因此，反映其国家治理的诸多理论、话语和体制，同样也体现在它的全球治理中。例如西方在国际社会中倡导的自由、民主、人权、平等以及发展的理念，同样构成了今天全球治理的价值体系。西方有关全球治理的路径是把自我的理念和价值上升为全球的，然后再运用权力、制度和价值观的传播，同化、影响和治理所谓的非西方世界的问题。但是从治理的效果看，无论是安全领域、政治领域，还是经济领域，西方的全球治理路径都难以奏效，问题重重，之所以会出现这种局面，是因为西方的那一套治理理念在治理西方社会时可能有效，但在推延到治理非西方世界的问题时往往会“水土不服”。而合作共赢的理念主张摈弃理念或者价值观的单向传播，并选择理念或价值观之间的沟通、交流，进而重塑全球治理的价值观体系，以推动全球治理向更加公正、合理的方向转型。

第七章

全球治理的中国探索之三：打造网络空间命运共同体

当今时代，世界多极化、经济全球化深入发展，文化多样化、社会信息化持续推进，以信息技术为核心的新一轮科技革命正在兴起，“苟日新，日日新，又日新”。互联网日益成为创新驱动发展的先导力量，深刻地改变着人们的生产生活，有力地推动着社会发展。互联网真正让世界变成了“地球村”，让国际社会越来越成为“你中有我、我中有你”的命运共同体。习近平主席多次在国际场合阐释我国国际治网立场和主张，特别是在第二届世界互联网大会发表的主旨演讲中，习主席站在人类道义制高点，旗帜鲜明地提出了推动全球互联网治理体系变革的“四项原则”和构建网络空间命运共同体的“五点主张”①，反映了世界绝大多数国家特别是广大发展中国家的共同意愿和利益，赢得了国际社会的高度赞誉和广泛认同。这些主张应当为未来

① 2015 年 12 月 16 日至 18 日，第二届世界互联网大会在浙江乌镇举行，来自 120 多个国家和地区、20 多个国际组织的 2 000 多位嘉宾出席。习近平主席在第二届世界互联网大会的主旨演讲中，提出了“四项原则”和“五点主张”。“四项原则”，即坚持尊重网络主权、坚持维护和平安全、坚持促进开放合作、坚持保障自由与秩序。“五点主张”，即加快全球网络基础设施建设，促进互联互通；打造网上文化交流共享平台，促进交流互鉴；推动网络经济创新发展，促进共同繁荣；保障网络安全，促进有序发展；构建互联网治理体系，促进公平正义。

全球互联网的发展和治理所共同遵循，以这些主张推动全球互联网治理体系变革、打造网络空间命运共同体，对国际社会而言是一项重要而紧迫的新课题。作为负责任的大国，中国理应因势而谋、应势而动、顺势而为，肩负起网络大国的责任与担当，提出中国方案、分享中国经验、贡献中国智慧，推动互联网全球共享共治。

一、 人类命运共同体与网络空间命运共同体

随着全球化的推进，人类现有的制度安排与权力构成越来越不足以管理日益紧密地联结在一起的共同利害关系，并对达成全球层面日益必需的合作造成障碍。全球合作高度不足的后果是全球治理供应的严重不足，而在全球治理供应严重不足的情形下，人类既无法达成国际正义，解决发展不平衡、秩序不合理等问题，也无法应对共同面临的环境污染、气候变化、疾病传播等日常民生问题。无论是“霸权稳定论”“全球治理论”，还是“普世价值论”，这些理论并没有真正带来天下大同、世界和平。环顾四野，全球范围内地区动荡、文明摩擦、经济衰退不断加剧，形形色色的极端主义、恐怖主义等层出不穷。

“合则治，孤则弱。”在全球共同面临的一系列严峻而复杂的问题面前，人类何去何从？是坚持冷战思维、零和博弈的旧观念，还是倡导和平共处、合作共赢的新理念？相信任何一位有理性、有良知的人都不难做出正确的选择。当今时代，人类比以往任何时候都更需要同舟共济，携手构建命运共同体，共同应对面临的全球性挑战。自党的十八大报告提出“倡导人类命运共同体意识”以来，习近平主席在一

系列双边和多边重要外交场合多次强调树立人类命运共同体意识，从国与国的命运共同体、区域内命运共同体，到人类命运共同体，内涵日益丰富。

人类命运共同体，是源于中国而属于世界的智慧创造。“万物并育而不相害”“同舟共济”“世界大同”一向是中国古代政治哲学追求的最高境界。近现代中国的历史，是一部追求民族独立的革命史、奋斗史，民族主义是精神主线，但从另一个角度看，中国人的世界大同情怀也与时偕行。从孙中山到毛泽东，在追求民族独立、国家富强的同时，都积极倡扬世界大同理念、践行国际主义理想。

人类命运共同体这一理念的提出与践行，体现了中国党和政府对国际形势和世界格局演变大趋势的深刻洞察和前瞻思考，表明了中国愿同世界各国共同促进世界和平、稳定、繁荣与进步的价值追求和道义坚守，展现了中国致力于构建以合作共赢为核心的新型国际关系的意志和决心，是关于人类未来发展的中国智慧、中国方案。经过几年的实践，这一理念在全球范围内得到了广泛认同和积极响应。

从社会发展史看，人类经历了农业革命、工业革命，正在经历信息革命。信息革命如火如荼，信息技术日新月异，互联网蓬勃发展，带来了生产力质的飞跃，引领了社会生产新变革，创造了人类生活新空间，拓展了国家治理新领域，对国际政治、经济、文化、社会、生态、军事等领域产生了深刻影响。网络空间你中有我，我中有你，各国互相联系、互相依存的程度空前加深，越来越成为命运共同体、利益共同体、发展共同体。网络空间是人类新空间新领域，网络空间命运共同体是人类命运共同体在网络空间的延伸。对网络空间命运共同体，至少应从以下几个维度去理解和把握。

一是全球全网高度互联。网络空间一点接入、全球共享，具有流动性和跨国界的联结性。卡斯特尔说，网络社会是一个环绕着流动性而建构起来的社会形态。流动性使网络社会的信息流动和人际互动打破了时间、空间对人类活动的限制，在实时的空间中实现了点与点的对接，突破了国家、地区、种族、民族、宗教、社会制度等界限，实现了全球范围的人类交往，从而形成了一个流动性的全球社会，呈现出了一种超越现实物理地点的全新社会特性。互联网提供的通讯网络为人类构建了一个全新的、不受地域限制的社会交往空间。[①] 人们随时随地都可以尽知天下大事、尽淘天下良品、尽交天下朋友。互联网的用户能够感知到本地全球连接的即时性，互联网借此形成了能够在同一时间点同时触及本地和全球的新空间，而网络空间内某一角落的细微变化，会迅速扩散至整个网络空间。

二是线上线下高度融合。互联网虽然是无形的，但运用互联网的人们都是有形的；网络空间虽然是虚拟的，但运用网络空间的主体是现实的。互联网已经成为当今人类生活的关键部分，并主导人类生活的方方面面。虽然人们长期以“虚拟世界”定义互联网，但这个“虚拟世界”如今已经成为现实世界不可或缺的关键一环。从发展角度讲，网络空间日益成为增进情感的新桥梁、文化交流的新纽带、信息共享的新空间、经贸合作的新领域、技术互通的新平台。从安全角度讲，网络风险日益突出，线上风险可能会向线下蔓延，现实世界中的小事有可能通过网络空间放大成备受关注的大事。网络霸权国家利用其信息优势、技术优势，向全世界尤其是政治制度、意识形态和自己不同的国家输出自己的意识形态、价值观，甚至煽动街头政治。正如约瑟夫·奈所指出的，网络信息是重要的权力资源，它既可能通过说

① 曼纽尔·卡斯特尔．移动通信与社会变迁：全球视角下的传播变革．傅玉辉，等译．北京：清华大学出版社，2014：145－151.

服、吸引他国公民而形成软实力，也可能通过信息的运用产生实质性的建设或破坏效果，发挥硬实力的作用。[①] 可以说，网络空间的良性运转已经成为现实世界秩序、安全与稳定的基础。

三是休戚与共高度依存。互联网使各国利益深度交融，你中有我，我中有你，各国同乘一条船、同坐一条板凳。首先，数字经济快速发展，全球数字贸易如火如荼，世界各国真正成为一损皆损、一荣皆荣的利益共同体，只有对话合作才能实现互利共赢、共同发展。其次，网络攻击、网络犯罪、网络恐怖主义带来的危害是跨国界、全方位和多层次的，任何一个国家都不可能独善其身，必须携手应对。在共同利益的船上，无论哪一方遭受攻击，都有可能导致整个大船的沉没。最后，网络空间具有安全上的脆弱性。无论是电子媒介之间的互联，还是电子媒介对虚拟与现实的联结都是网络脆弱性的来源。虽然在大量的网络攻击面前，冗余路径、快速恢复能力的建设已经受到高度重视，但由于新的安全漏洞与新产品、新技术革新并存，因此网络安全仍然是脆弱的。所以，互联网是全球性利好，没有哪个国家应被拒之门外，相应地，网络安全是全球性风险和挑战，没有哪个国家能够置身事外。网络空间命运共同体既是利益共同体，又是责任共同体，世界各国既应享有发展的权利，也应承担相应的义务，在追求本国利益时必须兼顾别国利益，在寻求自身发展时必须包容别国发展。

二、 构建网络空间命运共同体面临的障碍与挑战

互联网使国际社会日益形成相互依赖的命运共同体，同时，快速

① 约瑟夫·奈．权力大未来．王吉美，译．北京：中信出版社，2012：176－177.

发展的互联网也给国家主权、安全和可持续发展带来了新的挑战。近年来，在国际社会的共同努力下，全球网络空间治理取得一定进展，但仍面临许多矛盾和问题，特别是秩序不合理、体系不公正、发展不平衡问题等十分突出。

一是秩序不合理。个别西方国家凭借信息技术优势，垄断着全球互联网基础资源配置、议程设置、规则制定、话语阐释，妄图一家或几家说了算，导致公正规则供给不足，合理制度付诸阙如，基础资源分布与配置严重失衡。以被称为互联网运行“中枢神经”的根服务器为例，目前全世界共有 13 台根服务器，其中 10 台放置在美国（含 1 台主根服务器），其余 3 台分别放置在英国、瑞典和日本。中国有超过 7 亿网民，占全球网民总数的近 1/4，是个不折不扣的网络大国，但却连一台根服务器也没有。而在信息化快速发展的今天，谁控制了根服务器，谁就控制了互联网，谁控制了互联网，谁就有可能主导世界。2003 年伊拉克战争期间，互联网名称与数字地址分配机构（ICANN）终止对伊拉克顶级域名“. iq”的申请和解析工作，所有以“. iq”为后缀的网站瞬间从互联网蒸发。

二是体系不公正。在网络空间国际事务处理上，个别国家以大压小、恃强凌弱，排斥其他主体平等参与，绝大多数国家特别是广大发展中国家的正当权益得不到有效保障。个别网络强权国家一方面利用现行治理体系中不公正不合理的安排，试图固化于其有利的治理秩序，维护其网络霸权地位和既得利益。同时，在网络治理与发展上采取双重标准，指责干预他国自主选择网络发展道路，甚至实施网络监听，发动网络攻击，策动“颜色革命”，支持、纵容危害他国政权安全、国家安全的网络活动。2013 年美国政府公开宣称，对美国实施网络攻击的行为将被视作战争行为，美国政府将予以武力还击。2015 年

9月，美国总统奥巴马在某美军基地发言说，如果中美爆发网络战，美国“想赢就能赢”。美国政府把自己对他国实施的大规模网络监听、网络攻击，美其名曰为“网络自由”“信息共享”，而将美国的网络被攻击视为“发动战争”，这是不折不扣的网络霸权主义行径。

三是发展不平衡。各国在互联网基础设施建设与网络安全保障能力上相差甚远，在信息技术研发和利用能力上差距很大，不同国家之间、同一个国家内部不同地区和群体之间，数字鸿沟呈日益拉大之势。不同国家在网络基础设施和信息技术上的巨大差距，进一步加剧和放大了原有的发展不平衡，并转化为全球治理中的权力分配，给国际关系架构带来了新的挑战，而数字鸿沟与经济发展鸿沟的交叠可能强化资本主义逻辑导致的“中心—边缘”格局。根据国际电信联盟提供的数据，欧美地区整体上网比例已经在60%以上，而非洲则不足10%。尽管互联网已经联通几乎所有国家，但贫困国家的使用率并不高，因为互联网在这些国家尚未普及。此外，数字革命仍然基本未触及世界大多数人民的生活，目前全球只有约40%的人口能够接入互联网，而能够访问宽带互联网的仅占15%。即使是北美这样的网络发达地区，也还有1.2亿人口生活在无网络世界。与此同时，即使是在互联网用户内部，有效运用信息和生产信息的“数字化能力”也大相径庭。发展中国家从数字技术中获得的红利远远不如发达国家。①

此外，各国网络安全威胁和风险日益突出，并日益向政治、经济、文化、社会、生态、军事等领域传导渗透。特别是发展中国家关键信息基础设施面临较大风险隐患，网络安全防控能力薄弱，难以有

---

① 世界银行.2016世界发展报告：数字红利.（2016-01-13）[2016-04-24]. http：//www-wds.world bank.org/external/default/WDSContentServer/WDSP/IB/2016/01/13/090224b08405b9fc/1_0/Rendered/PDF/World0developm0l0dividends0overview.pdf.

效应对国家级、有组织的高强度网络攻击。世界范围内侵害个人隐私、侵犯知识产权、网络犯罪等时有发生，网络监听、网络攻击等犯罪行为成为全球公害。未成年人合法权益保护、网络犯罪打击、公民隐私和知识产权保护等方面相应的国际公约和司法协助机制十分缺乏。

三、牢牢把握尊重网络主权这个关键，推动全球互联网治理体系朝着更加公正合理方向发展

当前，国际体系正在经历500年来未有之大变局，国际力量对比此消彼长，全球性挑战增多，加强全球治理、推进全球治理体制变革已是大势所趋。伴随着以互联网为代表的信息技术快速发展，网络空间不仅成为继陆地、海上、领空、太空之后的“第五疆域”，也成为全球治理的新领域、大国博弈的新焦点。坚持尊重网络主权原则，在相互尊重、相互信任的基础上，加强对话合作，共同推进全球互联网治理体系变革，形成网络空间国际治理新规则、新秩序、新格局，成为世界上绝大多数国家的共同心声。

一是坚持以尊重网络主权为基本原则。《联合国宪章》确立的主权平等原则是当代国际关系的基本准则，覆盖国与国交往的各个领域，其原则和精神也应当适用于网络空间。网络主权是国家主权在网络空间的延伸、发展与实践，也是现实主权在虚拟空间符合逻辑的映射，是互联网时代国际体系面临的重要历史课题。中国提出的尊重网络主权原则，是在新的历史时期践行《联合国宪章》与国际法基本准则、维护国际体系安全与稳定的具体表现，是中国对全球互联网治理

体系变革做出的重要贡献，也是全球网络空间治理秩序变革迈向深入的重要标志。

一言以蔽之，网络主权就是一个国家独立自主管理本国网络空间、平等开展互联网国际合作、参与互联网国际治理、并享有相应权利、承担相应义务的资格与能力。网络主权对外体现为以网络发展道路和管理模式的独立，来维护国家全和网络发展的外部环境；对内则体现为以网络公共政策和依法治网的自主，来维护良好的网络秩序、营造清朗的网络空间，并以此从根本上维护国家利益和公民合法权益。网络相关法律法规的制定、政策措施的出台、政府管理与行政执法、司法管辖与争议解决、全球治理与国际合作等，都是网络主权的行使方式。从法理上讲，没有网络主权，各国就无从选择本国互联网发展道路、确立本国互联网管理模式、制定本国互联网公共政策，就无从真正做到依法治网，平衡自由与秩序、保障发展与繁荣，也就无法使互联网真正造福全人类。

需要特别指出的是，强调尊重网络主权并不是要割裂国际网络空间，恰恰相反，网络主权是构建网络空间命运共同体的基础和前提，网络空间命运共同体是网络主权的保障，二者是辩证统一的。在主权平等的基础上，各国无论互联网发展快慢、技术强弱，其参与权、发展权、治理权都应当是平等的，都应当得到有效保障。我们应该尊重各国自主选择网络发展道路、网络管理模式、互联网公共政策和平等参与国际网络空间治理的权利，不搞网络霸权，不干涉他国内政，不从事、纵容或支持危害他国国家安全的网络活动。

二是坚持以维护和平安全为目标任务。一个安全稳定繁荣的网络空间，对各国乃至全世界都具有重大意义。网络空间，不应成为各国角力的战场，更不能成为违法犯罪的温床。各国应该共同努力，做世界和平的维护者、捍卫者，让互联网给人类带来福祉，而不是造成伤害。网络空间应该人与人和睦相处、国与国和平相处，不能相互指责、相互对抗、相互攻击，更不能挑起纷争甚至战争。同时，网络应当成为促进世界和平的纽带，让世界变得更加和谐美好。要让互联网给世界带来安全稳定，而不能给违法犯罪和恐怖主义提供渠道。要防范和反对利用网络空间进行的恐怖、淫秽、贩毒、洗钱、赌博等犯罪活动。与此同时，维护网络安全不应有双重标准，不论是商业窃密行为，还是对政府网络发起黑客攻击，都应该根据相关法律和国际公约予以坚决打击。各国都有权维护自己的网络安全，不能一个国家安全而其他国家不安全，一部分国家安全而另一部分国家不安全，更不能以牺牲别国安全谋求自身所谓绝对安全。

三是坚持以促进开放合作为前提基础。开放是网络空间交流合作的基本前提，没有开放合作，就没有互联网的今天。完善全球互联网治理体系，维护网络空间秩序，必须坚持“同舟共济、互信互利”的理念，摈弃“零和博弈、赢者通吃”的旧观念。各国应该推进互联网领域开放合作，丰富开放内涵，提高开放水平，搭建更多沟通合作平台，推动信息自由有序流动，推动世界优秀文化交流互鉴，创造更多利益契合点、合作增长点、共赢新亮点，求同存异、增信释疑，推动彼此在网络空间优势互补、互利共赢、共同发展。

四是坚持以构建良好秩序为坚实保障。网络空间是世界各国人民共同的精神家园。正如习近平主席所言，网络空间天朗气清、生态良好，符合人民利益；网络空间乌烟瘴气、生态恶化，不符合人民利益。谁都不愿生活在一个充斥着攻击、谩骂、恐怖、色情、暴力的空间。网络空间同现实社会一样，既要提倡自由，也要保持秩序。自由是秩序的目的，秩序是自由的保障，离开秩序的自由是不存在的。比如在车水马龙的大街上，车辆和行人都希望自由行走，而这恰恰是构建秩序、规制自由的原因所在。我们既要尊重网民交流思想、表达意愿的权利，也应依法构建良好网络秩序，从而更好地保障广大网民合法权益。“法者，治之端也”。秩序的建立要靠依法治网，推动网络空间法治化，依法治网、依法办网、依法上网，让全体网民都成为法治的忠实崇尚者、自觉遵守者、坚定维护者，让互联网在法治轨道上健康运行。构建良好的网络秩序，同样必须加强网络伦理、网络文明建设，发挥道德教化引导作用，大力弘扬正能量，用人类文明优秀成果滋养网络空间、修复网络生态。

四、紧紧围绕让互联网更好造福世界各国人民的目标，为构建网络空间命运共同体贡献中国智慧中国力量

网络空间是人类共同的活动空间，网络空间前途命运理应由各国人民共同掌握。世界各国应当加强沟通、扩大共识、深化合作，共同应对网络安全面临的挑战，共同维护网络空间的公平正义，共同分享全球信息革命的机遇和成果，共同构建网络空间命运共同体，使网络空间成为人类生存发展的新天地，让互联网发展成果更好地造福全人类。

一是增进网络空间相互尊重和信任。“和而不同”是中国古代政治哲学的重要理念，也应成为全球化时代处理国与国关系的基本准则。志同道合是伙伴，求同存异也是伙伴。世界各国应通过坦诚深入沟通增信释疑，加强关于互联网治理方面经验的交流与合作，尊重各国自主选择网络发展道路、网络管理模式、互联网公共政策的权利，平等参与国际网络空间治理的进程，共同推动网络空间国际规则的制

订，从而维护网络空间秩序。同时，也应支持企业、民间组织、技术社群、学术界、国际组织和其他利益相关方发挥更大作用。面对错综复杂的国际网络安全威胁，国际社会应共同努力，尊重网络空间国家主权，共同打击网络犯罪和恐怖活动，保护网络空间及关键信息基础设施免受威胁、干扰、攻击和破坏，推动制定网络空间国际反恐公约，切实保护公民个人信息安全等合法权益，共同维护网络空间和平安全。中美都是网络攻击的受害者，在网络安全上有共同关切，因此，中美双方应管控分歧、增信释疑，依据法律和相关国际公约，共同打击网络黑客攻击和网络商业窃密行为。

在全球互联网治理中，中国作为网络大国理应承担更多责任，因此我国应以“四项原则”和“五点主张”为基础，加强双边多边国际交流对话，求同存异、增进理解，形成“最大公约数”。此外，我国应积极参与联合国、国际电联、上合组织、金砖国家等框架内的网络交流合作，推动 ICANN 等国际化改革，不断扩大共识、加深合作。同时，我国还应继续办好世界互联网大会等活动，搭建中国与世界互联互通的国际平台、国际互联网共享共治的中国平台，在坦诚沟通中化解分歧、凝聚共识，实现共建共享。

二是推进网络基础设施互联互通。网络的本质在于互联，信息的价值在于互通。先进的信息基础设施是信息化发展的基石，因此只有加强信息基础设施建设，铺就信息畅通之路，不断缩小不同国家、地区、人群间的信息鸿沟，才能让信息资源充分涌流。2016 年 7 月，中国发布《国家信息化发展战略纲要》，在这一行动纲领的指导下，我国将加快构建陆地、海洋、天空、太空立体覆盖的国家信息基础设施，不断完善普遍服务，实施网络扶贫行动计划，让 13 亿多中国人民通过网络了解世界、掌握信息、摆脱贫困、改善生活、享有幸福。

"计利当计天下利"。我国应坚持国家利益在哪里、信息化就推进到哪里的原则，同各方一道，加大资金投入，加强技术支持，推进云计算、大数据、物联网等领域的研发和应用普及，共同推动全球网络基础设施建设，优化网络基础资源配置。此外，还应围绕"一带一路"建设进一步加强与沿线国家的网络合作，加强网络互联、促进信息互通。具体而言，我国应推进"一带一路"建设信息化发展，统筹规划海底光缆和跨境陆地光缆建设，提高互联互通水平，打造网上丝绸之路；此外，还应加快推动与周边国家信息基础设施互联互通，打通经中亚到西亚、经南亚到印度洋、经俄罗斯到中东欧国家等陆上通道，积极推进美洲、欧洲、非洲等方向海底光缆建设。与此同时，我国应推动基础电信运营商和重点网信企业参与发展中国家信息基础设施建设，消除"信息壁垒"，缩小数字鸿沟，让信息资源充分涌流，让更多发展中国家和人民通过互联网过上更加幸福美好的生活。

三是发展数字经济实现互惠互利。当前，国际金融危机的负面影响仍未散去，世界经济复苏艰难曲折，很多国家都面临着转型发展的迫切任务，中国经济也面临着一定下行压力。而解决这些问题，关键在于坚持创新驱动发展，开拓发展新境界。信息技术迅猛发展，数字经济方兴未艾，为各国发展提供了难得的契机。2008 年国际金融危机后，美国利用互联网优势大力发展数字经济，苹果、谷歌、脸谱等一批互联网企业快速崛起，在全球拓展市场，这为美国率先走出危机、实现增长提供了有力支撑。近年来，我国数字经济蓬勃发展，国家大数据战略、"互联网＋"行动计划深入实施，"分享经济"快速发展，基于互联网的各类创新日新月异，新一代信息技术与经济社会各领域深度融合，优势新兴业态向更广范围、更宽领域拓展，信息化对全要素生产率的提升作用日益彰显。总体来看，互联网正日益成为经济转型升级的新动能，驱动我国经济向形态更高级、分工更优化、结构更合理的阶段演进。

中国网信经济蓬勃发展，为各国企业和创业者提供了广阔的市场空间。习近平主席指出，中国开放的大门永远不会关上，利用外资的政策不会变，对外商投资企业合法权益的保障不会变，为各国企业在华投资兴业提供更好服务的方向不会变。只要遵守中国法律，中国热情欢迎各国企业和创业者在华投资兴业。为了实现这一承诺，中国应同各国加强合作，通过发展跨境电子商务、建设信息经济示范区等，促进世界范围内投资和贸易发展，推动全球数字经济发展，促进互联网与各产业深度融合，保障网络空间数据流动的自由和有序，早日形成联通全球的网络市场，创造更多就业机会，促进联合国《2030年可持续发展议程》目标实现，为全球经济持续健康发展提供有力支撑，让更多国家和人民搭乘信息时代的快车。

此外，中俄网络合作优势互补、前景广阔，近年来网络商业、技术等合作扎实推进。应推动丝绸之路经济带和欧亚经济联盟建设对接，加快发展跨境电子商务，探索建立中俄合作示范项目，打造新亮点、释放新潜能；中国和欧盟互为最重要的两大市场，网络空间合作潜力巨大。应加强数字经济领域合作，开展智慧城市、互联网金融等试点示范，深化企业在大数据、云计算等领域合作，共建互利共赢的中欧数字丝绸之路；中美关系的本质是互利共赢。中美应积极研究推进数字经济合作计划，支持新型企业积极、公平进入双方市场，开展大数据、人工智能等技术创新合作，使数字经济成为中美合作新亮点。

四是促进网上文化交流互鉴。文化因交流而多彩，文明因互鉴而丰富。互联网是传播人类优秀文化、弘扬正能量的重要载体，凭借其高度全球化、传播便捷化、即时互动性，为人类文化的积淀、传承、交流、创新提供了广阔舞台。我们应大力实施网络内容建设工程，发展积极向上的网络文化，积极开发适合网络传播特点、满足人们多样化需求的网络文化产品。应通过互联网架设国际交流桥梁，打造网上文化交流共享平台，发挥互联网传播平台优势，以数字化形式保护、传承、弘扬人类优秀文化成果，让各国人民了解中华优秀文化，让中国人民了解各国优秀文化，“各美其美、美人之美、美美与共、天下大同”，用优秀文化丰富人们的精神世界，促进人类的文明进步，滋养我们共同的精神家园。世界的未来属于青少年，网络的发展塑造青少年，有什么样的网络，就会有什么样的青少年。因此，应高度重视广大青少年的网络需求，加强对未成年人的网络保护，使互联网真正成为青年一代沟通心灵的桥梁纽带，成为文明之网、绿色之网、健康之网。

“志合者，不以山海为远。”互联网已经成为全人类的共有家园，打造网络空间命运共同体是国际社会的共同责任。世界各国应本着尊重网络主权的基本原则，加强沟通、增进合作，共同构建和平、安全、开放、合作的网络空间，建立多边、民主、透明的国际互联网治理体系，携手同心打造网络空间命运共同体，共同应对互联网带来的挑战，共享互联网带来的福祉，让互联网发展的成果更好地造福世界各国人民。

第八章

全球治理的中国探索之四：“一带一路”的中国智慧

“大时代需要大格局，大格局需要大智慧”。习近平主席提出“一带一路”的倡议，就是为经营欧亚大舞台，世界大格局。“一带一路”建设将开启21世纪丝路精神，挖掘、展示中国作为新的世界领导型国家的魅力。共建“一带一路”符合国际社会的根本利益，彰显人类社会共同理想和美好追求，是国际合作以及全球治理新模式的积极探索，将为世界和平发展增添新的正能量。

一

“一带一路”是“丝绸之路经济带”和“21世纪海上丝绸之路”的简称，其包含了三个关键词。第一个是“21世纪”。“一带一路”首先是由铁路、公路、航空、航海、油气管道、输电线路、通信网络组成的综合性立体互联互通的交通网络，其核心词是“互联互通”——万物互联、人机交互、天地一体，鲜明地体现了21世纪特色。第二个是“带”，即“经济发展带”，将不同的经济开发区、产业园区连接成为经济走廊，是中国改革开放模式经验的体现。2013年9月，中国国家主席习近平访问哈萨克斯坦，在哈萨克斯坦纳扎尔巴耶夫大学发表了题为《弘扬人民友谊　共创美好未来》重要演讲。在演讲中，习近平指出："为了使欧亚各国经济联系更加紧密、相互合作更加深入、发展空间更加广阔，我们可以用创新的合作模式，共同建设'丝绸之路经济带'，以点带面，从线到片，逐步形成区域大合作。"① 由此，"丝绸之路经济带"的战略构想首次被提出。第三个是"路"。中国有句话："要致富先修路，要快富修高速。"但在中国，"路"还不是一般的路，是"道路"，而"路"只是实现"道"的一种方式。今天的"道"就是"命运共同体"。《道德经》中云：道生一，一生二，二生三，三生万物。由此可见，"一带一路"不是一条"路"或"带"，而是很多条"路"和"带"的集合，是开放的、包容的。

因此，"一带一路"的"名"体现了鲜明的中国特色，是东方智慧与中国模式的充分展示，"实"也展示了中国智慧与世界智慧的有机统一。从大的方面说，"一带一路"是全方位对外开放的必然逻辑，也是文明复兴的必然趋势，还是包容性全球化的必然要求，标志着中国从参与全球化到塑造全球化的态势转变，诠释着中国通过"复兴、包容、创新"三部曲融通"中国梦"与"世界梦"的主旋律。具体而言，"一带一路"伟大倡议通过实现中国国内一体化，以及推动沿线国家实现共同现代化，并开创包容性的全球化，充分体现了中国担当与智慧。

"一带一路"所蕴含的中国智慧体现在中国理念、中国哲学、中国伦理、中国策略、中国战法、中国经验、中国路径、中国方案各方面。

---

① 习近平．弘扬人民友谊　共创美好未来：在纳扎尔巴耶夫大学的演讲．人民网，2013-09-08.

1. 中国理念：共商、共建、共享

不同于近代以来西方的殖民主义、帝国主义和霸权主义以国际掠夺、竞争为常态而合作、妥协为非常态，也不同于战后西方以对外援助等为名义的各种名目的国际合作模式，“一带一路”依靠中国与沿线国家已有的双多边机制，借助既有的、行之有效的区域合作平台，高举和平、发展、合作的旗帜，主动地发展与沿线国家的经济合作伙伴关系，以共赢主义超越零和博弈，融通“中国梦”与“世界梦”。

“一带一路”不是简单的工程、项目，而是通过“大写意”的手法描绘的国际合作倡议，它秉持开放包容原则，倡导“共商、共建、共享”理念，表现在如下方面：第一，中国与沿线国家寻求项目、资金、技术与标准对接，共同打造政治互信、经济融合、文化包容的利益共同体；第二，中国与沿线国家共担风险、共同治理，打造中国与沿线国家的责任共同体；第三，中国与沿线国家秉持互利共赢理念，实现共同繁荣、共襄盛举；第四，中国与沿线国家共迎挑战，共担风险，最终打造中国与沿线国家的命运共同体。具体而言，中国所倡导的“共商、共建、共享”理念，又体现在如下方面：

首先，中国倡导“共商”，即在整个“一带一路”建设当中充分尊重沿线国家对各自参与的合作事项的发言权，妥善处理各国利益关系。沿线各国无论大小、强弱、贫富，都是“一带一路”的平等参与者，都可以积极建言献策，都可以就本国需要对多边合作议程产生影响，但是都不能对别国所选择的发展路径指手画脚。通过双边或者多边沟通和磋商，各国方可实现经济优势的互补，进而实现发展战略的对接。其次，中国倡导“共建”。“商讨”毕竟只是各方实质性参与“一带一路”建设的第一步，接下来要进一步做好“走出去”的服务

工作，同时鼓励沿线国家在引入资金、技术后培养相关人才，从而增强自主发展能力。最后，必须指出的是只有做到了前面两点，才能保证“一带一路”建设的成果能够被沿线国家所共享。

可以说，在全球化新时代“一带一路”继承和弘扬了“和平合作、开放包容、互学互鉴、互利共赢”古“丝绸之路”精神，正在打造中国的新天下观——“四海一家、天下无外”，纠正了近代以来西方殖民体系及现今美国霸权体系所造成全球的碎片化、分裂化局面，以沿线国家的共同现代化超越近代西方开创的竞争性现代化，推动实现持久和平、共同繁荣、普遍安全的和谐世界。

2. 中国哲学：知行合一

中国古代哲学家认为，不仅要认识（“知”），还应当重视实践（“行”），只有把“知”和“行”统一起来，才能称得上“善”。“致良知，知行合一”是王阳明文化的核心，先有“致良知”，而后有“知行合一”，而“一带一路”建设鲜明地体现了中国这一哲学理念。

习近平总书记在推进“一带一路”建设工作座谈会上指出：“目前，已经有100多个国家和国际组织参与其中，我们同30多个沿线国家签署了共建‘一带一路’合作协议、同20多个国家开展国际产能合作，联合国等国际组织也态度积极，以亚投行、丝路基金为代表的金融合作不断深入，一批有影响力的标志性项目逐步落地。‘一带一路’建设从无到有、由点及面，进度和成果超出预期。”[①]

三年来“一带一路”进度和成果之所以超过预期，就在于它正在解决当前世界主要关切以及历史遗留和平与发展难题。换句话说，

---

① 总结经验坚定信心扎实推进　让“一带一路”建设造福沿线各国人民．人民日报，2016-08-18（01）．

“一带一路”之所以能够取得如此之成就，就在于其能够解决近代以来西方模式不能解决、也不愿意解决的世界和平与发展难题。中国有两句古话：“盗贼出于贫穷”“不患寡而患不均”，当今世界乱象丛生的原因正是“两贫”：贫困和贫富差距——发展中国家主要是贫困，发达国家主要是贫富差距。

那么，“一带一路”是如何解决贫困问题的呢？21 世纪是高铁时代，高铁正重塑世界经济地理格局，并引领了世界范围内的城镇化进程和产业分工。而“一带一路”正是通过以高铁建设为代表的基础设施的互联互通弥补了经济发展的短板，同时推动全球化向包容、普惠方向发展。于是广大发展中国家对“一带一路”理念非常认同，踊跃吸引中国投资其基础设施。

此外，“一带一路”是如何解决贫富差距问题的呢？古人云：“痛则不通，通则不痛”，而“一带一路”正是以“东西互济、陆海联通”的方式消除了内陆—海洋、南北国家之间及发展中国家的国内发展差距。具体而言，通过把以老挝为代表的“陆锁国”变成“陆联国”，“一带一路”受到了内陆国家和地区人们的广泛欢迎；同时，通过对全球产业链的重新布局，“一带一路”消除了由经济新自由主义所带来的全球化弱势群体发展短板。①

因此，我们说“一带一路”是包容性发展的中国方案，展示了东方智慧。“一带一路”通过“治本、治乱、治未病”，同时实现了增长、发展与平衡，并补齐了世界经济短板，从而为全球治理贡献了中国智慧，这就是“一带一路”的成功秘诀。

---

① 王义桅．世界是通的：一带一路的逻辑．北京：商务印书馆，2016.

3. 中国伦理：己欲立而立人，己欲达而达人

《论语·雍也》记录了这样的对话——子贡曰："如有博施于民而能济众，何如？可谓仁乎？"子曰："何事于仁，必也圣乎！尧舜其犹病诸！夫仁者，己欲立而立人，己欲达而达人。能近取譬，可谓仁之方也已。"这段对话所揭示的中国伦理观，在改革开放30余年后中国一跃成为世界第二大经济体之后，通过"一带一路"、亚投行等得到体现。

"一带一路"是中国奉献给世界的合作倡议与公共产品，是中国能够做也应该做的。中国崛起了，正在鼓励其他新兴国家崛起；中国发展了，正在鼓励其他发展中国家发展；中国繁荣了，正在鼓励周边国家繁荣。"一带一路"就是以中国崛起为动力，推动欧亚大陆包括非洲、南太平洋地区的崛起、发展和繁荣，并创新了21世纪地区合作模式。正如习近平总书记在推进"一带一路"建设工作座谈会上指出的："坚持各国共商、共建、共享，遵循平等、追求互利，牢牢把握重点方向，聚焦重点地区、重点国家、重点项目，抓住发展这个最大公约数，不仅造福中国人民，更造福沿线各国人民。中国欢迎各方搭乘中国发展的快车、便车，欢迎世界各国和国际组织参与到合作中来。"①

4. 中国策略：取法乎上，得乎其中

"'一带一路'能建成吗？如何克服资金缺口、战略风险、安全挑战？""'一带一路'建设需要几十年，现在中国经济下行，会不会成为烂尾工程？"……这是国内外不少人质疑的焦点。美国人一度认为

---

① 总结经验坚定信心扎实推进　让"一带一路"建设造福沿线各国人民．人民日报，2016-08-18（01）．

其是“幻觉”（illusion）。殊不知中国“一带一路”自有其哲学依据——“取法乎上，仅得其中；取法乎中，仅得其下。”这种《易经》中的智慧在“一带一路”建设中充分得到了体现。

“一带一路”战略不是孤立的，也不是中国大战略的全部，它立足于中国国内的全面深化改革和全方位开放，与长江经济带、京津冀一体化并列为三大发展战略、与亚太自贸区（FTAAP）构成中国的“一体两翼”大战略。我们应清楚地认识到，古代“丝绸之路”的繁荣稳定与中央王朝的强盛和控制力密切相连，而“一带一路”也是与中华民族伟大复兴的“两个一百年”奋斗目标紧密相连的，两者相互依托，既是愿景，也是行动，承载了中华民族伟大复兴的梦想。“一带一路”取法乎上——从“全球化的中国化”向“中国化的全球化”转变，而得乎其中——推动欧亚大市场建设。

5. 中国战法：东西互济、陆海联通

“东方物所始生，西方物之成熟。夫作事者必于东南，收功实者常于西北。”《史记·六国年表》这句话，是“一带一路”中国智慧的历史写照。改革开放发轫于东南，而收功于西北，这就是“一带一路”所昭示的全方位开放。

许多人把“一带一路”比作中国应对美国重返亚洲的“西进战略”，其实这是“以西人战法度中华智慧”——“一带一路”以围棋智慧，着眼全局，不在于一城一池之得失，而在于谋篇布局，取得东西互济、陆海联通之效。对此，韩国《中央日报》有独到分析：

> 在围棋中，如果被对方的棋路牵着走，那就意味着失败。中国尽量避免在亚洲舞台上与美国进行对决。如果美国集中于亚洲，那么中国就会悄悄从亚洲抽手，走向世界。如果考虑到美国

在亚洲地区对中国的包围，那么中国的战略是通过建设经过中亚延伸向俄罗斯和欧洲的“丝绸之路经济带”（一带）以及经过东南亚和印度延伸向非洲的“21世纪海上丝绸之路”（一路）在更广泛的地球村层面上包围美国。西方的国际象棋意在抓住对方的王，即瞄准完全胜利。相反，围棋则是确保比对方更多的位置，追求比较优势。就像基辛格所说，如果说象棋手旨在通过正面冲突消灭对方的马，那么围棋高手则是向着棋面上“空白”地方不断移动，确保相对优势。西方部分人预测，包含在中国“一带一路”计划中的中亚和东南亚国家的贫困和政局不稳会导致失败。但在中国看来，这些国家则相当于版图的空白处。西方的军事理论强调对人口密集区或首都、核心经济设施的攻击和防御。但围棋则重视从周边包围中央的战略。习近平的“一带一路”战略构想根据“三边通中央必胜”，即用三边各自通过中央就一定会取胜的围棋打法。因为如果将亚洲、欧洲和非洲三个大陆通过“一带一路”计划连接，就一定会取胜。围棋的另一特点就是持久战。中国普遍认为，时间对自己有利。①

6. 中国经验：革命—建设—改革开放的中国模式

无论从顶层设计还是具体实践看，中国革命、建设、改革开放各个阶段都产生了一系列呈现出中国特色的做法、经验与模式，为“一带一路”建设提供了丰富的营养。尤其是渐进式改革及从沿海到内地的有序开放，通过产业园区、经济走廊等试点，然后总结推广，形成“以点带面”“以线带带”的局面，最终以中国国内市场一体化为依

① 刘尚哲．酷似围棋的习近平外交．韩国中央日报，2015－06－03.

托，辐射周边，形成欧亚大陆一体化新格局。

近年来，广大发展中国家对西方模式日益失望，乃至绝望，而对中国模式越来越感兴趣，对中国脱贫致富、快速发展的奇迹大为赞赏。过去，中国对外援助不附加政治条件，减少了发展中国家对西方的援助依赖；现在，中国投资模式又区别于西方模式，正在补发展中国家经济发展的短板。像乌兹别克斯坦这样的双重内陆穷国，按市场经济是很难获得国际金融机构贷款的，但却获得了中国国家开发银行的贷款，从而彰显了“政府＋市场”双轮驱动的中国模式魅力；印尼雅万高铁之所以中方中标，就在于中方以中国国有银行的支持为后盾，而非以印方政府作为担保。此外，中国模式在非洲正大显身手：非洲第一条中国标准跨国电气化铁路，从设计、施工到运营，全都采用中国模式。而肯尼亚的蒙内铁路和蒙巴萨港口建设也是如此。

7. 中国路径：统筹兼顾

在不到十年的时间里，中国修了两万公里高铁，占世界高铁总里程的六成以上，成就斐然。然而有一种说法认为，只有京沪高铁才实现了盈利，这种说法忽略了中国建设高铁是统筹兼顾的——高铁建设所带来的沿线相关产业发展、旅游及房地产的发展，也应计入高铁的收益之中，这就超越了西方经济学的有关学说，实现了经济的正外部性。

正如习近平总书记在推进“一带一路”工作座谈会讲话时指出的，以“一带一路”建设为契机，开展跨国互联互通，提高贸易和投资合作水平，推动国际产能和装备制造合作，本质上是通过提高有效供给来催生新的需求，实现世界经济再平衡。特别是在当前世界经济持续低迷的情况下，如果能够使顺周期下形成的巨大产能和建设能力走出去，支持沿线国家推进工业化、现代化和提高基础设施水平的迫切需要，有利于稳定当前世界经济形势。

具体而言，按照习近平总书记的要求，建设“一带一路”必须统筹协调，坚持陆海统筹，坚持内外统筹，加强政企统筹，鼓励国内企业到沿线国家投资经营，也欢迎沿线国家企业到我国投资兴业，加强“一带一路”建设同京津冀协同发展、长江经济带发展等国家战略的对接，同西部开发、东北振兴、中部崛起、东部率先发展、沿边开发开放的结合，带动形成全方位开放、东中西部联动发展的局面。

8. 中国方案：互联互通

习近平主席2014年在“加强互联互通伙伴关系”东道主伙伴对话会上讲话中指出，如果将“一带一路”比喻为亚洲腾飞的两只翅膀，那么互联互通就是两只翅膀的血脉经络。①

“一带一路”不仅不另起炉灶，反而强调通过“五通”——政策沟通、设施联通、贸易畅通、资金融通、民心相通，开创系统化、网络化、人性化的互联互通新格局。这与中医强调打通“任督二脉”的智慧如出一辙。②

“一带一路”在传承基础上创新，思维融通古今中外。正如习近平总书记要求的，总结经验、坚定信心、扎实推进，聚焦政策沟通、设施联通、贸易畅通、资金融通、民心相通，聚焦构建互利合作网络、新型合作模式、多元合作平台，聚焦携手打造绿色丝绸之路、健康丝绸之路、智力丝绸之路、和平丝绸之路，以钉钉子精神抓下去，一步一步把“一带一路”建设推向前进，让“一带一路”建设造福沿线各国人民。③

---

① 习近平．联通引领发展　伙伴聚焦合作：在“加强互联互通伙伴关系”东道主伙伴对话会上的讲话．新华网，2014-11-08.

② 王义桅．世界是通的：一带一路的逻辑．北京：商务印书馆，2016.

③ 以钉钉子精神推进“一带一路”建设．新华网，2016-08-17.

总之，“和平合作、开放包容、互学互鉴、互利共赢”的丝绸之路精神，是中国历史智慧的结晶。“一带一路”建设将开启21世纪丝路精神，挖掘、展示和开创中国全球化智慧。正如《推动共建丝绸之路经济带和21世纪海上丝绸之路的愿景与行动》所指出的，“共建‘一带一路’旨在促进经济要素有序自由流动、资源高效配置和市场深度融合，推动沿线各国实现经济政策协调，开展更大范围、更高水平、更深层次的区域合作，共同打造开放、包容、均衡、普惠的区域经济合作架构。共建‘一带一路’符合国际社会的根本利益，彰显人类社会共同理想和美好追求，是国际合作以及全球治理新模式的积极探索，将为世界和平发展增添新的正能量”①。

二

“一带一路”不是中国的“独奏曲”，而是“大合唱”，其成功关键在于能否为21世纪开辟合作新路并有效解决人类面临的共同问题。因此，除了助推“中国梦”实现外，“一带一路”还将助推沿线国家实现共同现代化、文明共同复兴的梦想，结合各自梦想与智慧，在解决各自面临的发展问题时解决国际社会面临的普遍性问题，共同塑造世界智慧。“一带一路”在21世纪弘扬“丝路精神”的同时，并将其拓展到利益共同体、责任共同体、命运共同体的高度，以实现联合国《2030年可持续发展议程》和世界持久和平、共同繁荣的目标。

正如习近平主席在2015年9月第七十届联合国大会一般性辩论

① 《推动共建丝绸之路经济带和21世纪海上丝绸之路的愿景与行动》发布．新华网，2015-06-18.

发表的重要讲话中所强调的，要建立平等相待、互商互谅的伙伴关系，营造公道正义、共建共享的安全格局，谋求开放创新、包容互惠的发展前景，促进和而不同、兼收并蓄的文明交流，构建尊崇自然、绿色发展的生态体系，从而形成打造人类命运共同体的总布局和总路径。这根植于博大精深的中华文明，契合世界人民的共同愿望，顺应人类社会发展进步的潮流，成为中国引领国际关系发展的一面鲜明旗帜。

俄罗斯《导报》曾刊文指出，“一带一路”构想展现了中国对全球治理新理念的思考：对中国来说，“一带一路”与其说是路，更像是中国最重要的哲学范畴——“道”，而对于中国而言，“一带一路”之“道”就是去探寻中国梦与世界各国梦的融通、中国智慧与世界智慧的结合，这一点突出地体现在“三可”原则上：可分享——共赢主义、可持续——代际均衡、可内化——落地生根。

1. 可分享：共赢主义

古人云：以天下之目视则无不见也，以天下之耳听则无不闻也，以天下之心思虑则无不知也。“一带一路”倡议的提出，既是实现中国经济发展模式转型的抓手，更彰显了中国“达则兼济天下”的大国担当。

欧亚非大陆各种古老文明随着“一带一路”倡议的提出，迎来了共同复兴的曙光，也为东西、南北国家实行共赢发展增加了可能性。在“一带一路”倡议下，探索中华文明如何实现与欧亚非大陆古老文明共同复兴之道，可以说承载着21世纪的“张载命题”：

——为天地立心，就是激活“和平合作、开放包容、互学互鉴、互利共赢”的丝路精神，开创以合作共赢为核心的新型国际关系，探寻21世纪人类共同价值体系，建设人类命运共同体。

——为生民立命，就是鼓励各国走符合自身国情的发展道路，与“一带一路”沿线国家开展先进、适用、有利于就业、绿色环保的产能合作，支持其工业化进程，让合作成果更多惠及“一带一路”沿线人民，实现共同发展与繁荣。

——为往圣继绝学，就是实现人类永续发展，各种文明、发展模式相得益彰、美美与共，开创中华文明与欧亚非古老文明共同复兴的美好前景。

——为万世开太平，就是推动人类的公平正义事业，缔造“一带一路”地区的持久和平，实现全球化时代的“天下大同”。

将21世纪的“张载命题”予以落实的首推“共赢主义”（Win-winism）。习近平主席对共赢主义曾有经典的描述：“和平而不是战争，合作而不是对抗，共赢而不是零和，才是人类社会和平、进步、发展的永恒主题。”① 不同于近代以来的殖民主义、帝国主义、霸权主义，“一带一路”倡导共赢主义，胡鞍钢教授曾总结说：“（共赢主义）与殖民主义、帝国主义、霸权主义时代最大的不同之处在于：前者具有不公正性，而后者具有公正性；前者具有歧视性，而后者具有平等性；前者具有排他性，而后者具有包容性；前者具有对抗性，而后者具有非对抗性；前者具有冲突性，而后者具有和谐性；前者具有不可持续性、暂时性，而后者具有持续性、长久性。”②

以22个阿拉伯国家为例。22个阿拉伯国家皆为“一带一路”沿线国家，其地处亚非大陆交汇地带，宗教和文明多样性突出，文化历

① 习近平．铭记历史，开创未来．人民日报，2015-05-08（01）．

② 胡鞍钢．“一带一路”经济地理革命与共赢主义时代．光明日报，2015-07-16（11）．

史悠久，资源禀赋独特，发展潜力巨大。在当前形势下，阿拉伯国家自主探索符合本国国情的发展道路，致力于推进工业化进程，努力扩大就业和改善民生，积极促进地区和平稳定，在地区和国际事务中发挥着重要影响。欧美的工业化完成较早，经验借鉴意义不大，而中国工业化经验鲜活，与阿拉伯国家合作潜力巨大。“阿拉伯之春”的乱象早已证明，试图照搬西方民主模式不会成功，而与此同时中国的成功但不输出中国模式，还在客观上鼓励阿拉伯国家走符合本国国情的发展道路。因此，中国提出的中阿共建“一带一路”、构建以能源合作为主轴，以基础设施建设和贸易投资便利化为两翼，以核能、航天卫星、新能源三大高新领域为突破口的“1＋2＋3”合作格局、加强产能合作等倡议，得到了阿拉伯国家积极响应。

随着世界经济格局的调整和经济全球化的发展，中国正在从生产一般消费品的世界工厂向为全球提供先进装备的生产基地过渡，经济产业结构快速调整转型，而阿拉伯国家也不满足于只作油气资源的全球供应商，亟待大力推进经济多元化发展。因此在共建“一带一路”的框架下，中阿对接双方发展战略，加快中国—海湾国家自贸区谈判进程和重点工业园区建设，进而不断做强油气领域和基础设施领域合作。

共赢主义更体现在中国的国际与地区合作理念层面。兼收并蓄、融会贯通，是中华文明生生不息的秘诀。“一带一路”也在发扬光大这一传统，秉承“两容”“两分”“一抓”思路。

——所谓“两容”，一是与当地已有合作架构的“兼容”，尽量不另起炉灶；二是与域外力量相“包容”，不是排挤俄美欧日等域外势力。

——所谓“两分”，就是“分好工”“分好责”，不能全包。金融投资不能由中国央行托底，安全风险不能由中国军方托底，必须与当地利益攸关方和社会力量相对接，从而使得利益攸关方切实承担起自身应尽的安全义务和风控责任。

——所谓“一抓”，就是抓住丝绸之路终点站——欧洲，推动中欧海洋合作、第三方合作，共同致力于“五通”，管控好“一带一路”风险。

“一带一路”建设将逐步结合政府开发援助、开发性金融以及市场配置这几方面的相互作用，以基础设施的互联互通作为优先领域，为沿线发展中国家提供基础公共产品，带动沿线各国货物贸易、服务贸易和投资的增长，以中国的发展带动沿线国家的发展和世界的发展。

这就是将“得道者多助、失道者寡助”的中国智慧转化为新多边主义的世界智慧，从改革开放前期所推崇的双赢、多赢上升到全方位开放的共赢主义，超越历史上的殖民主义、帝国主义、霸权主义，实现人类公平发展、和平发展、包容性发展与可持续发展。

2. 可持续：代际均衡

中国有句古话“授人以鱼，不如授人以渔”。英语里也有类似的话：“授人以鱼，三餐之需；授人以渔，终生之用”（When you give a man a fish，you feed him for a day，but when you teach him to fish，you feed him for a lifetime.）。可见中西方思维的相通性。但是，现在的问题是：大家都会钓鱼，可是无鱼可钓了！无论是东西方世界，还是南北方国家，都面临人类的可持续发展问题。

从人类文明史高度来看，赋予可持续发展以文明自觉、文明自信的含义，打造中国的国际话语权，乃众望所归。因此“一带一路”应纳入联合国《2030 年可持续发展议程》，着眼于代际均衡。

从文明观念角度来看，国与国之间交往的动力主要是“文明的代差”——先进文明对落后文明的侵略，推动了文明的扩张和进步；围绕“文明代差”形成的剩余价值的攫取，则产生了文明竞争和创新。具体到中国历史的维度上，我们可以看到，鸦片战争使得农业文明臣服于工业文明，对“文明代差”所产生的“文明红利”争夺导致八国联军入侵北京。这一模式到了冷战结束、人类真正进入了全球化时代，才告一段落。“世界是平的”，说的是“文明的代差”消失了，于是亨廷顿开始担心“文明冲突论”会成为文明的能量运行法则，因为文明之间争夺低级文明的时代已经结束。当然，人类并没有落入“文明的冲突”陷阱，这是因为制度的竞争已取代了文明的较量，在第二层面演绎国际关系运行规律，直接考验文明的创新与韧性。

经过一百多年和西方的碰撞，现在中国跟西方很多方面第一次处于同一起跑线上，面临的很多问题是一样的或类似的——发展的可持续问题、生态环境问题等。以前是西方着眼于解决“西方的问题”，中国着眼于解决“中国的问题”——国家统一、改革任务未完成。现在各国都在改革，一如布热津斯基所说的面前处于“全球大觉醒时代”。在这一时代背景下，不仅要探讨中华文明的伟大复兴，而且要探讨中华民族如何“为人类做出较大的贡献”。

“一带一路”就是从人类重大共同关切入手，着眼于可持续发展的普遍意志。如今，可持续发展的内涵已从生产力拓展到了三个方面：器物层面——资源与环境可持续；制度层面——国际、国内制度的可持续；精神层面——生产—生活理念的可持续、代际可持续。一言以蔽之，可持续发展、可持续生活、可持续思维的三位一体，是可持续发展观的时代内涵。

换个角度讲，可持续发展就是包容，努力实现先发后发平等、大小国平等、代际平等，改变西方不包容他者、不包容代际的现状，规范好理性及其限度、科学及其限度，把握好发展与消费、意愿与能力的平衡。

中国通过实现自身的可持续发展为人类的可持续发展提供了中国模式，这是当今中国最大的国际话语权。当代中国之所以具有文化自觉与文化自信，就在于以中华文明永续发展理念丰富人类可持续发展观，从而实现人类文明的永续发展，从理论上阐明中国发展道路（即中国模式）及其作为“人类文明史上的伟大创举”和“中国对世界的历史性贡献”，探讨中国应对可持续发展挑战的经验与其他国家的相通之处，从而证明可持续发展是人类的共同价值，开创人类永续发展的文明新范式。这就是“一带一路”理论与实践上的重大使命。

以亚投行为例。亚投行不仅是首个中国倡议设立的多边金融机构，也是由发展中国家倡议成立而吸收发达国家加入并成为高标准国际金融机构的成功范例，鲜明地体现了可持续发展理念。

据测算，2010—2020 年，亚洲发展中国家基础设施投资总需求高达 8 万亿美元，年平均投资需 7 000 多亿美元，而现有多边开发银行在亚洲基础设施领域的年度投资规模仅为 100 亿～200 亿美元。在这种情况下，通过设立亚投行动员更多资金，支持域内基础设施建设和互联互通，将为亚洲经济增长注入长久动力，也有利于形成周边国家与中国经济的良性互动。与此同时，亚投行还服务于南南合作和南北合作。目前，亚投行共有 57 个成员国，涵盖亚洲、大洋洲、欧洲、非洲、拉美五大洲，其中包括英、德、法等发达国家。亚投行以发展中成员国为主体，同时包括大量发达成员国，这一独特优势使其能够成为推进南南合作和南北合作的桥梁与纽带，推动世界实现均衡发展。

亚投行不仅激励国际金融体系变革，也在开创21世纪全球治理新路径——“Lean，Clean，Green”（精益、清洁、绿色），并且将遵循“公开、透明、择优”的遴选管理层原则明确写入协定，是一项区别于现有主要多边开发银行的创新之举，反映了亚投行一贯坚持的现代治理理念。正如习近平主席指出的：“亚投行正式成立并开业，对全球经济治理体系改革完善具有重大意义，顺应了世界经济格局调整演变的趋势，有助于推动全球经济治理体系朝着更加公正合理有效的方向发展。”① 为确保做到这一点，亚投行充分借鉴现有多边开发银行在治理结构、环境和社会保障政策、采购政策、债务可持续性等方面好的经验和做法，取长补短，高起点运作，同时奉行开放的区域主义，开展联合融资、知识共享、能力建设等多种形式的合作和良性竞争，相互促进，取长补短，共同提高，提升多边开发机构对亚洲基础设施互联互通和经济可持续发展的贡献度。

总之，可持续发展不仅是共同发展的题中应有之义，也是文明共同复兴的必然要求。虽时断时续，但古丝绸之路跨越千年，承载着不同民族、文化交流、交融的希望。今天，“一带一路”建设更是承载着人类文明可持续发展和联合国《2030年可持续发展议程》的时代使命。

3. 可内化：落地生根

“一带一路”是古“丝绸之路”的中国化、时代化、大众化产物。落地生根就是大众化的要求，开花结果就是共享发展的题中应有之义。

① 习近平．在亚洲基础设施投资银行开业仪式上的致辞．人民日报，2016－01－17（02）．

如何建设“一带一路”？习近平主席讲“五通”。“五通”里的主要理念是共商、共建、共享。需要再次强调的是，“一带一路”不是企业“走出去”而是“走进去”，即跟当地国家的发展项目相结合。这就需要我们在共商而非强迫的前提下，通过满足对方合理需求并与之共同开发建设，在使对方获得成就的基础之上建立互信的安全合作机制，最终形成一个命运共同体。与此同时，相关服务也要“走进去”，要适应当地的民俗、宗教，用当地人所希望的形式“落地生根”，越来越多地以“欧洲生产、欧洲消费”“非洲生产、非洲消费”的形式打入当地市场，这就是企业抓住“一带一路”机遇的要旨。

那么，在这一过程中，企业的建设资金从哪里来？为此，中国成立了“丝路基金”，并采用新的投资方式鼓励企业参与到“一带一路”建设中来。以前往往采取 BOT 模式（即“建设—经营—转让/特许权”），现在更多的是采取 EPC 模式（即“工程总承包”）或 PPP 模式（即“政府和社会资本合作”），从而催促企业产品、服务、理念真正实现“走进去”，切实推进“一带一路”的建设。

此外，企业经营要注重差异化原则——产品、服务、理念要体现不同地区人们的个性，尊重当地习俗。例如伊斯坦布尔现在用的水渠还是罗马帝国时期建设的，而“一带一路”建设的设施应该使之两千年以后还能用。成功的案例各有各的成功，但失败的案例都有共通性。到了国外就不能用国内这一套，在欧洲就不能用非洲那一套。所以很有必要建立一些企业“走出去”的案例分析和企业内部之间的导向培训，以帮助更多的企业走向成功。

“一带一路”堪称新时期的长征。“一带一路”的建设在 21 世纪播撒了中国合作共赢的理念，引导了企业往全球分工体系里最有潜力的市场转移并落地生根、开花结果，开创了全球化新模式，实现了共同发展。当然，在考虑“一带一路”所面临的机遇的同时，也应将包括政治风险、安全风险、经济风险、法律风险、道德风险等在内的风险进行评估。

日本汉学家副岛种臣曾说过这样一句话：盖中国之积习，往往有可行之法，而绝无行法之人；有绝妙之言，而绝无践言之事。意思是中国人做事易于失败的原因，往往是由于国人做事只有方法而无人才，只会空谈而不付诸实际，这是对我们的警醒。21世纪最缺的是人才，是博古通今、领导创新的人才。“一带一路”的建设是百年大计，认知风险也好，建设短板也罢，都聚焦于人才——不只是国内人才，还有沿线国家的人才。因此，这就需要在沿线支点国家合作办各种大学、职业学校、干部培训学院，除此之外，海外孔子学院、华人华侨、商会亦可发挥孵化器、桥梁纽带作用，从而加快相关人才的培养进程。《中华人民共和国国民经济和社会发展第十三个五年规划纲要》的第五十一章“推进‘一带一路’建设”明确指出“充分发挥广大海外侨胞和归侨侨眷的桥梁纽带作用”，最终“构建官民并举、多方参与的人文交流机制”[①]。当然，人才培养首要的是转变观念，与时俱进，用好现在的各类人才，做到人尽其才，从而建设好“一带一路”。李光耀曾对比说，中国还在13亿人口当中选人才，美国是在全球70亿人口当中选人才。因此，如今建设“一带一路”，我们要从44亿沿线国家人口中挑选人才，集65国之智慧，通过开放包容、合作共赢，汇聚世界智慧。

对中国人来说，“一带一路”带来的是时空转变。从纵向来说，鸦片战争以来，中国人从“睁眼看世界”，到“融入主流世界”，再到

---

① 中华人民共和国国民经济和社会发展第十三个五年规划纲要．新华网，2016-03-17.

向世界开放，直到今天世界向我们开放、中国走进世界，对我们的生产方式、生活方式、思维方式，产生了史无前例的广泛而深入的影响；从横向看，全球化正从本土化方向迈进，生产、服务、产业链的当地化，是“一带一路”企业竞争的着力点。因为时空变化，要求我们走出近代、告别西方，关注“一带一路”的逻辑。中国人走出近代、告别西方，一定会鼓励“一带一路”沿线国家人民做到这一点，真正做到各美其美，而不是美西方之美，从而实现文明的共同复兴与国家的共同发展。

第九章

全球治理的中国探索之五：亚投行与全球金融体系变革

一、引言

2008年美国金融危机的爆发不但极大地影响了全球的金融市场和实体经济，也引起了人们对现有国际经济体系和经济增长模式的反思。这其中，对于现有国际货币体系美元独大的诘责，以及促使国际货币体系实现多元化变革的努力是最为集中的内容。在欧日经济复苏乏力、新兴市场国家经济地位逐步提升的背景下，构建一个反映新兴市场国家利益的多元化国际货币体系成为全球金融体系变革的重要方向，而亚洲基础设施投资银行（AIIB，简称亚投行）的成立则成为这一努力方向的现实践行。

筹建亚投行的倡议，最初是由习近平主席于2013年10月提出的。2014年10月，第一批21个国家在北京签署了《筹建亚投行备忘录》。2014年10月至2015年2月，又有6个国家先后申请加入亚投行。在此期间，由于美国始终站在旁观者的角度并且要求其盟友不要加入亚投行，因此亚投行的成员国主要由发展中国家构成。2015年3月12日，英国率先打破了发达国家群体的这一沉寂，申请加入亚投行。在英国的示范效应下，欧洲其余主要发达经济体、韩国和澳大利亚都先后于 2015 年 3 月 31 日亚投行成员国申请截止日期之前申请加入亚投行。2016 年 1 月 16 日，亚投行在北京正式开业，这是全球第一家由发展中国家提倡并主导成立的多边国际金融机构，标志着发展中国家在构建新型全球金融体系的道路上迈出了至关重要的一步。目前，亚投行的创始成员国数量为 57 个，遍及全球，欧盟、二十国集团、经合组织等绝大多数成员国均包含在内。相较于同类国际金融机构，如欧洲复兴开发银行（EBRD)、世界银行（WB，简称世行)、亚洲开发银行（ADB，简称亚行）等，亚投行的成员国数量也遥遥领先，这在一定程度上保证了亚投行的实力和影响力。

本文主要从当前全球金融体系的缺陷出发，探讨亚投行的成立对于全球金融体系和整个世界经济发展的意义。在此基础上，我们进一步探讨亚投行未来发展所可能面对的现实问题和解决路径。本章除“引言”外共分为四个部分：第一部分主要围绕当前全球金融体系的缺陷展开讨论，第二部分分析亚投行的成立对于全球金融体系变革的作用，第三部分就亚投行未来发展所可能面临的问题进行讨论，最后一部分是结论和政策建议部分。

二、 当前全球金融体系的缺陷

1. 美元霸权下全球金融风险的累积

二战后布雷顿森林体系的成立造就了国际货币体系下的美元霸权地位，而伴随着布雷顿森林体系的解体，国际货币体系中的“双挂钩”被“单挂钩”所替代，美国的货币政策空间被彻底打开。在后布雷顿森林体系时期，美元的国际货币霸权地位不但没有受到削弱，反而在一定程度上有所加强。2008年，肇始于美国的金融危机席卷全球。作为金融危机的发源地，尽管美国多轮扩张性货币政策损害了美元的长期信用，但是在欧洲和日本经济迟迟未能走出危机影响的背景下，美国作为全球金融中心和美元作为全球核心储备货币的地位并没有在根本上有所动摇。这一点从当前全球外汇市场交易额的各国货币比例分布，以及储备货币币种结构来看，非常明显（见表1）。

表1　全球外汇市场交易额比重及储备货币币种结构　(%)

	外汇交易额比重				储备货币币种结构			
年份	2001	2004	2007	2010	2001	2004	2007	2010
美元	89.9	88	85.6	84.9	71.5	66.0	64.1	61.5
欧元	37.9	37.4	37	39.1	19.2	24.8	26.3	26.2
日元	23.5	20.8	17.2	19	5.1	3.8	3.8	3.8
英镑	13	16.5	14.9	12.9	2.7	3.4	4.7	4.0
瑞士法郎	6	6	6.8	6.4	0.3	0.2	0.2	0.1

资料来源：外汇交易额1992年和1995年的数据来自Triennial Central Bank Survey 1995，BIS；1998年以后的数据来自Triennial Central Bank Survey 2010，BIS。币种结构的数据来自IMF COFER数据库。

从表1可以看出，美元的货币霸权地位，无论在外汇交易额中的货币比重还是全球储备货币中的货币份额中都有所体现。就外汇交易额而言，进入新世纪后，与美元有关的外汇交易占全部外汇交易的比重一直比较稳定，平均保持在85%以上，远远高于欧元和日元等其他货币的交易份额。而从储备货币的币种结构来看，美元的货币霸权地位也同样显著。进入新世纪后，美元在全球储备货币中所占的比重有所下降，从2001年的71.5%下降到了2010年的61.5%。但尽管如此，相对于排在第二位的欧元和第三位的日元来讲，美元的优势依然非常明显。另外，如果考虑到日本经济发展的活力不再，以及欧洲主权债务危机对欧洲经济的影响，美元今后一段时间内在全球货币体系中的地位还有可能进一步得到增强。事实上，至少有两个因素决定了美元在储备货币中的地位短期内不会发生根本转变。一是其他货币在当前全球储备货币中的占比过低。2010年，尽管美元在国际储备货币中的比重有所降低，但仍然达到61.5%。而排在第二位的欧元在国际储备货币中的比值仅有26.2%，尚不足美元的一半。二是美元在由国际货币基金组织（IMF）所创设的特别提款权（SDR）一篮子货币中所占比重为40%左右，这也直接决定了美元资产在国际储备货币中下滑的比例有限。从这个角度来说，无论是欧元、日元还是人民币在短期内都不能够动摇美元的国际货币地位。

在国际货币体系中美元霸权存在的情况下，本币兑美元汇率的稳定成为一国宏观经济政策制定的重要考量因素，与之相对应的便是发展中国家大量外汇储备资产的累积以及外汇储备中美元资产的大幅增加。而伴随着发展中国家手中持有的美元资产不断增加，全球资金开始逐渐向美国积聚。在这样的背景下，虽然美国高度发达的金融市场的存在可以使得大量资金在美国国内金融市场得以转化，进而能够重新以外商直接投资和股权投资的形式回流到发展中国家，但在股权投资存在风险以及直接投资边际收益递减规律的作用下，发展中国家流入美国的资本并不会完全回流到发展中国家，有相当一部分资金会在美国本土寻找新的投资机会，从而导致了美国市场上的流动性环境逐渐趋于繁荣。因此，从这个角度来说，只要美元霸权的局面继续维持和发展中国家对稳定汇率以及资产保值的双重需要下，美国国内流动性环境繁荣的情况就不会得到改变；而在流动性环境繁荣的条件下，资产价格泡沫的形成和破灭将会成为一种必然，全球金融风险的累积以及实体经济的动荡也就在所难免。发源于房地产领域的美国金融危机便是对此最好的诠释。

2. 中心国家的宏观经济政策纪律缺乏约束

在货币政策层面，在后布雷顿森林体系时期，美国政府不再有义务约束货币政策以确保美元与黄金的比价保持稳定，而其他发展中国家出于汇率稳定的需要仍然选择将本国货币与美元挂钩。这种情况所导致的一个结果就是美国货币政策空间彻底放开，美国可以完全根据国内经济条件的变化选择适合的货币政策，而不必担心其对汇率所产生的影响。从最初一盎司黄金兑换 38 美元，到 1 盎司黄金兑换近 2 000 美元，可以看到在布雷顿森林体系瓦解之后美国货币政策纪律约束机制的缺失。

在财政政策方面，在当前国际金融体系之下，虽然美国财政纪律的缺失没有货币政策表现得那么明显，但中心国家财政纪律的约束机制仍然匮乏。自“凯恩斯革命”和罗斯福新政之后，在以消费为主导的经济增长模式下，为了应对社会有效需求不足的局面，美国政府除了在 20 世纪 70—80 年代滞胀时期外一直在采用扩张性财政政策来刺激国内需求、避免经济衰退，财政政策在美国经济中的地位不断上升。但问题在于，在封闭条件下，政府财政政策的运用不仅会带来对私人投资的挤出效应，而且在财政平衡预算的前提约束下和一定的时间框架内，政府的财政平衡以及债务水平不可避免地受到跨期预算约束的制约，因此美国财政政策的空间也相对有限；而在开放条件下，特别是存在美元霸权的情况下，美国财政纪律所受到的外部约束大大放松：一方面，对美国经济而言，由于消费需求在经济增长中的作用被进一步强化、私人投资对经济增长的贡献有所减弱，政府可以在财政扩张刺激需求的同时，最大可能地减少由于私人投资“挤出”所带来的负面影响。而在外部国家货币盯住美元的条件下，财政扩张所带来的货币升值对出口需求的“挤出”也被进一步弱化；另一方面，对于外围国家，特别是处于经常性顺差的外围国家而言，这些国家的储备资产必须要找到一个安全稳定的投资渠道。而传统的分析往往强调外汇储备对保持经济稳定、应对汇率冲击的作用，恰恰忽略了储备资产保值增值的内在要求。因此，不但美国财政扩张的动力有所增强，外围国家储备资产的增加也会对中心货币国家的债务扩张产生内在需要。从这个角度上看，与其说美国国内的财政纪律缺乏约束，不如说现有的国际金融体系内生了对于美国国内财政纪律约束放松的要求。据统计，从 2000 年开始，伴随着美国对外经常项目赤字的扩大，美国的财政预算也开始由盈余转向赤字，公共债务水平不断上升。到 2011 年底，美国公共债务为 5.75 万亿美元，其中对外负债 0.83 万亿美元，分别比 2000 年初增长了 4.52 倍和 3.32 倍。

3. 新兴市场国家的作用和地位在现有的国际金融体系下没有得到反映

20 世纪 90 年代中期以后，发展中国家在世界经济中的地位开始加速上升，这突出地反映在如下几个层面：第一，发展中国家的经济增长速度要远远快于发达国家和世界平均水平。观察历史数据可以发现，从 1980 年至今，发展中国家经济增速比世界平均水平高出约 1.1%，尤其是亚洲发展中国家，其经济增速高出世界平均水平 3.9%。第二，发展中国家与发达国家之间经济总量上的差距迅速缩小。这是发展中国家高经济增长率带来的最直接的结果。中低收入国家的经济总量在 2012 年首次领先于高收入国家，占全球份额达 50.8%（见图 1）。第三，发展中国家在国际贸易中的地位越来越重要。发展中国家普遍实施的是外向型发展战略，高度重视对外贸易在国民经济中的重要性，以中国为代表的东亚国家已经成为当前国际贸易中重要的顺差国。大量外汇储备的积累不但增强了抵御外部风险的能力，也在一定程度上以债权人的身份对发达国家形成了一定的制约。

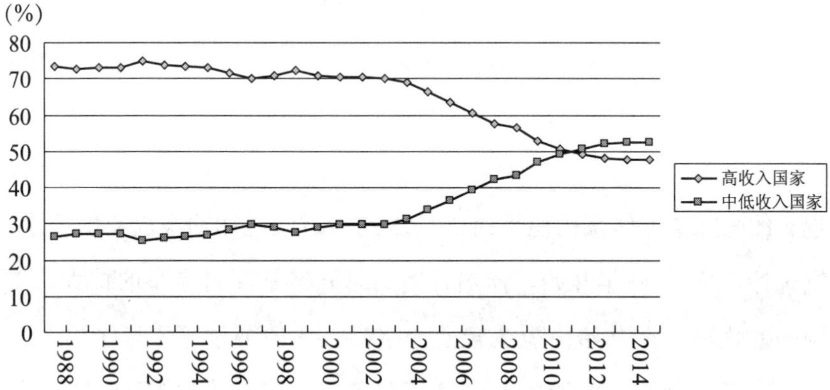

图 1 高收入和中低收入国家 GDP 占全球份额的变化（1988—2014）

资料来源：世界银行世界发展指标数据库。

问题在于虽然新兴市场国家的经济地位随着经济总量的上升而逐渐提高，但这些国家在全球金融体系中的地位却依然十分低下，经济实力并没有在金融领域得到充分体现。由于新兴市场国家经济起步较晚，加上当前世界最重要的国际金融机构都由发达国家主导，因此新兴国家在各个国际金融机构中的话语权受到极大限制，无力与发达经济体相抗衡，基本只能被动地接受各项决议，参与国际金融机构所获得的红利非常有限。更有甚者，美国利用其在国际金融机构中的主导权，在投资或援助中附加政治条件，对新兴国家进行直接干涉。

以 IMF 中的执行董事会席位和投票权为例，在 2010 年份额改革方案出台之前，执行董事会 24 个席位中拥有最大份额的美日德法英各占 1 席，另外 19 个席位由各地区选出，最终构成为欧洲（不含俄罗斯）占 9 席、亚洲 7 席、美洲 5 席、非洲 3 席。部分欧洲国家虽然经济实力下滑严重，但仍占有一席之地，而新兴市场国家的情形则恰恰相反，这显然是不合理的。2008 年金融危机发生之后，以金砖国家为代表的新兴国家通过各种途径和平台，提出重新评估当前全球金融治理框架的强烈要求。一项重要的议题就是如何解决新兴市场国家在国际金融机构中所占份额严重偏低的问题，以提升新兴市场国家在制定全球金融体系规则中的话语权。从现实实践来看，金融危机之后 IMF 分别于 2008 年和 2010 年进行了两次成员国份额的调整。其中，2008 年的改革方案已经在 2011 年完成执行，发达国家拥有 57.9％的投票权，新兴市场国家拥有 42.1％的投票权；2010 年的改革方案将高估国家超过 6％的占比转移到低估国家，最终发达国家占 55.3％，新兴国家占 44.7％。相对于 2008 年，2010 年的改革方案在一定程度上降低了发达国家的总体占比，新兴国家占比略有上升，特别是中国从 2008 年方案中的 3.65％提高到 6.06％，排名也从第 6 位上升至第 3 位，仅次于美国和日本。但是问题在于，该方案因为美国的消极态度一直未能落实，新兴市场国家份额被低估的现状可能还会在未来很长一段时间内存在。

三、 亚投行对全球金融体系和世界经济的意义

在上一部分就当前全球金融体系的缺陷进行讨论的基础上，在这一部分我们重点探讨亚投行的成立对于全球金融体系和世界经济的意义。

1. 亚投行的成立有利于促进亚洲经济的一体化进程

亚洲是世界上人口最多、疆域最广的大洲，历史上也曾创造出璀

璨的文明，但是自从工业革命以来很长的一段时间里，亚洲并没有跟上时代发展的潮流，经济发展水平被西方世界远远抛在身后。时至今日，虽然亚洲经济发展水平普遍有所提升，但除了中国、日本、韩国、新加坡等寥寥数国以外，大多数亚洲国家仍相对落后，而即使是经济总量相对较大的中国，经济部门也主要集中在国际价值链分工的中低端环节。

制约亚洲国家整体发展很重要的一个因素是亚洲区域内部经济一体化程度相对较低。由于亚洲幅员辽阔，很多国家是完全的内陆国家，因此区位劣势的存在成为亚洲区域经济一体化的天然壁垒，而主要国家在区域合作主导权上的分歧和竞争更给亚洲区域经济一体化的进程人为地设置了诸多障碍。当前，亚洲经济一体化的严重滞后不但大大限制了亚洲各国的经济发展空间，也制约了发展中国家在国际上的发言权，并使之无法真正形成合作互利、共同崛起的积极局面。

亚投行的成立将有助于在一定程度上促进亚洲经济一体化。第一，亚投行向亚洲国家提供基础设施建设贷款，有利于完善一国国内经济增长的基础条件，促进亚洲区域内部的共同发展。对于许多亚洲国家而言，其国内基础设施建设还相当薄弱，经济发展缺乏必要的基础。亚投行向这些国家提供基础设施建设贷款，有利于这些国家夯实工业发展基础，推动制造业和交通运输业等相关行业的发展，同时也有利于缩小亚洲各国经济发展水平的差距，为亚洲经济一体化奠定坚实的经济基础。第二，亚投行支援建设的基础设施，有利于促进亚洲国家的相互联系。“铁公基”（铁路、公路、机场、桥梁、港口、水利、管道等）建设的不断推进，使交通运输成本大幅度下降，亚洲区域内部不同国家之间人员、产品和资本等的流动愈加频繁，这有利于加深区域内产业分工，提高各国经济联系的紧密程度，为区域金融、货币和经济合作创造条件。第三，亚投行鼓励和推行人民币的使用，有利于新型亚洲货币体系的构建。亚洲地区的货币使用情况比较复杂，以美元为主体，人民币、日元、韩元等货币为补充。美元的主导地位使得亚洲经济严重受到美元和美国经济的制约，而多种主权货币并行存在又增加了货币频繁兑换的成本。因此，一个符合亚洲共同利益的新型亚洲货币体系的构建对于未来亚洲区域经济的发展至关重要，亚投行有望在这一层面做出有益的尝试。

2. 亚投行重视成员国的合作与共同参与，反映了亚洲国家和全球经济的共同利益

作为一个地区性多边投融资平台，亚投行保证本地区国家持有股本比重达到一定水平的做法是符合国际惯例的，目的是确保亚投行的各项决策始终不违背亚洲地区的整体经济利益。相较于亚洲开发银行章程所规定的本地区国家持有股权占比60%的下限，亚投行对亚洲国家的保护力度更大，确保75%的股权在本地区国家手中。同时，由于亚洲开发银行内美国和日本均拥有15.6%的投票权，并列第一，进而形成事实上的由域外发达国家来主导亚洲区域金融事务的局面。因此从这个角度来说，亚投行更能保证亚洲各发展中国家的利益。

此外，由于亚投行的成立由中国最早加以推动，中国理所当然地在亚投行的事务中拥有主导权。但亚投行在保证中国主导权的同时，也非常注重对亚洲欠发达国家的支持和帮扶，强调的是与区域外成员国和各金融机构的全方位合作。举例来说，亚投行内中国认缴的股本占30.34%，投票权占26.06%，由于重大项目需要75%的通过率，中国相当于暂时拥有一票否决权。但随着成员国数量的增加，中国的

投票权可能会逐渐降至25%以下。中国并不会片面强调本国利益，而是倡导各成员国互利共赢，亚投行中并不存在所谓“中国霸权”问题。此外，亚投行几乎没有排他性的规定，各成员国不分加入的先后、股本的多寡、域内或域外，在参与项目融资、业务采购等方方面面一视同仁、公平竞争。因此可以看出，亚投行虽然是在中国的主导下成立的，但其致力于成员国之间的平等合作和共同参与，并不狭隘地袒护中国的某些利益，是一个真正的国际化优质投融资平台。

当前，亚投行的成员国既有以中国为代表的发展中国家，也有英国、法国和德国等传统发达国家的加盟，呈现出很强的多元性和包容性。同时，亚投行的现有成员国中有很多国家还参与了其他的国际金融机构，进而形成了亚投行与其他国际金融机构存在一定程度的重叠的局面（见表2），这在有利于亚投行与其他国际金融机构加强沟通、协调和互助的同时，也进一步反映了亚投行包容、开放以及对全球共同利益关注的特征。

表2　　亚投行部分成员国参与其他国际金融组织情况

国家或地区	ADB	IMF	WB	G7	G20	APEC
澳大利亚	√	√	√			√
孟加拉国	√	√	√			
巴西					√	
柬埔寨	√	√	√			
中国	√	√	√		√	√
埃及		√	√			
芬兰		√	√			
法国		√	√	√		
格鲁吉亚		√	√			
德国		√	√	√	√	
冰岛		√	√			
印度	√	√	√		√	√

续前表

国家或地区	ADB	IMF	WB	G7	G20	APEC
印度尼西亚	√				√	√
伊朗		√	√			
意大利		√	√	√	√	
以色列		√	√			
哈萨克斯坦	√	√	√			
韩国	√	√	√		√	√
吉尔吉斯斯坦		√	√			
老挝	√	√	√			
卢森堡		√	√			
蒙古	√	√	√			
缅甸	√	√	√			
尼泊尔	√	√	√			
荷兰		√	√			
新西兰	√	√	√			√
挪威		√	√			
巴基斯坦	√	√	√			
葡萄牙		√	√			
卡塔尔		√	√			
俄罗斯		√	√		√	√
沙特		√	√		√	
新加坡	√	√	√			√
西班牙		√	√			
瑞士		√	√			
塔吉克斯坦	√	√	√			
土耳其		√	√		√	
阿联酋		√	√			
英国		√	√	√	√	
乌兹别克斯坦	√	√	√			
越南	√	√	√			√

资料来源：刘曙辉．从全球正义的视角看亚投行．经济研究参考，2015（71）：81-87.

3. 亚投行是美国金融霸权的有效制约力量

亚投行成立的初衷是推动亚洲地区基础设施建设进程，促进亚洲国家经济发展，但由于美国极力维护其霸权地位及“重返亚太”战略的实施，亚投行也不可避免地牵涉到大国之间的竞争和博弈。从如下两个层面来看，亚投行会成为对当前美国金融霸权的有效制约力量。

一是通过国际金融体系的重新构建来制约美国的金融霸权。美国的金融霸权不仅体现为美国对当前全球金融体系的主导，也体现在美国对主要国际金融机构和信用评级机构的控制，甚至亚洲开发银行这一区域性金融机构也事实上受到美国的金融控制。亚投行的成立有望通过新型国际金融规则的建立来改变美国主导全球金融体系的局面。首先，亚投行是首个由发展中国家主导建立的金融机构，打破了发达国家垄断金融机构主导权的现状。其次，亚投行的建立推动了人民币的国际化进程，减轻了亚洲国家对美元的天生依赖。最后，以中国为代表的发展中国家通过此次亚投行的尝试，有助于积累经营管理区域金融机构的经验，从而逐渐主导亚洲金融体系，并最终在国际金融机构当中产生重要影响。从某种意义上说，亚投行将成为以中国为代表的发展中国家变革现行国际金融体系的奠基石。

二是推动亚欧经济协同发展来对美国金融霸权形成制约。欧洲国家对亚投行的筹建展现出了极大的热情和关注，共有包括英国、法国、德国、意大利等传统发达国家在内的 18 个欧洲国家成为亚投行的第一批成员国。从加入动机来看，欧洲国家的积极参与，主要是基于亚投行所定位的亚洲基础设施建设目标的美好前景，以及对人民币离岸中心竞争的考虑。亚洲国家发展水平较低，基础设施建设的缺口较大，这对急于走出经济低迷的欧洲国家而言，是一个庞大的潜在需求市场，是欧洲经济复苏的重大机遇。亚投行的成立带动了亚欧国家互利合作、协同发展，这将促进世界经济的多极化进程，削弱美国一国独大的霸权局面。

4. 亚投行是世界银行和亚洲银行的有益补充

亚投行首任行长金立群曾在“中国发展高层论坛2015年会”上表示：亚洲基础设施投资银行是对世界银行、亚洲开发银行的补充，而非替代，是对现有国际金融秩序的完善和推进，而非颠覆。

亚投行致力于搭建一个能充分利用各国比较优势的平台，比如欧洲和中东国家庞大的资金量、缅甸和越南丰富的劳动力、澳大利亚和巴西的自然资源、中国和德国的建设制造能力等，通过将这些优势整合成一条完整的产业链，从而促进各国经济协同增长。中国希望将亚投行经营成一家面向全球的、具有开放性的金融机构，重大事项经过各成员国之间的深入磋商而公开透明地决定，绝非只作为中国一国利益的载体。这是亚投行的基本定位。

从性质来看，亚投行与世行和亚行的性质相同，均为多边开发性金融机构。从经营角度看，在承接投融资项目方面两者确实也存在一定的竞争关系，尤其是对优质项目的竞争。但从整体看，亚投行是对世行和亚行的一个有益补充，合作的前景非常广阔，是推进国际金融体系变革的共同力量（见表3）。此外，世行和亚行的运营模式是政府主导，主要关注商业利润，同时还或多或少地附带上一些政治色彩。而亚投行在政府推动的同时，也注重利用私人资本，鼓励私人资本参与项目，既考虑投资赢利，也重视民生和社会效益。在投票权方面，世行和亚行的投票权建立在股权认购的基础之上，决策当中反映的是各国经济实力的抗衡，最终结果往往是霸权国家的诉求简单通过，发展中国家受到严重抑制。而中国虽然当前在亚投行的投票权份额是最高的，但中国并不刻意维持一票否决权，并同意在新成员国加入后主动降低份额。发展中国家和发达国家地位平等，共同出资、制定规则、分摊风险，这是亚投行区别于世行和亚行的根本特征。

亚投行不但在运作机制和运作目标上可以成为现有国际金融机构的有益补充，在实际的筹建过程中，中国也非常注重与其他金融机构的协调与合作，积极学习掌握传统国际金融机构在组织架构、运营规则等方面的经验，努力避免传统机构框架上的硬伤。随着亚投行的正式开业，今后在具体经营管理当中必然还会遇到各种各样的现实问题，而亚投行将会进一步加强与IMF、世行、亚行等的沟通与合作，秉持建设开放包容区域金融机构、推动地区和全球经济发展的原则，为未来全球金融体系的变革进行有益的探索和尝试。

表3　亚投行与亚行的比较

	亚投行	亚行
总部所在地	中国	菲律宾
行长	金立群	历任均来自日本
注册资本金	1 000亿美元	1 650亿美元
成员国数量	57个，37个来自亚太	67个，48个来自亚太
亚洲国家股权份额	75%	60%
目标	为基础设施建设提供资金支持	实现没有贫困的亚太

资料来源：陈绍锋．亚投行：中美亚太权势更替的分水岭？美国研究，2015（3）：14－33.

四、亚投行建设中存在的困难和挑战

虽然亚投行的成立无论对于亚洲经济，还是世界金融体系乃至整个世界经济都具有举足轻重的意义，但在未来亚投行进一步建设的过程中仍然存在很大的困难和挑战。

1. 亚洲区域范围内经济条件的巨大差异加大了亚投行建设的难度

相比于欧盟，亚投行的管理协调工作极为复杂，其57个成员国内有 37 个是亚洲国家，域内国家占比达到 65%。而亚洲幅员辽阔，人口众多，各国经济发展水平、文化、宗教等差异很大，除日本、新加坡、韩国为发达国家外，其余亚洲各国均为发展中国家。巨大的经济条件差异为亚洲共同利益的实现带来了诸多困难。

根据世界银行发布的“世界发展指标”（World Development Indicators，WDI）显示，2014 年，在经济总量方面，中国、日本和印度排在前三，且它们的经济总量远远高于其他国家。东南亚和西亚地区也有一些经济实力雄厚的国家，而中亚地区的经济发展相对落后。而在衡量经济发展水平的人均产出层面，日本仍然处于前列，韩国、沙特阿拉伯等国的人均产出水平也相对较高，而包括中国和印度这两个人口规模最大的其余国家则普遍处在一个相对较低的发展水平上。[①] 总的来说，亚洲区域内部的整体经济条件差异巨大。

同样的差异也存在于对外贸易层面。图 2 给出了 2014 年亚洲主要国家的进出口贸易情况。从图 2 可以看出，与经济规模相一致，中日韩三国的进出口总额排在亚洲地区前三，无论是出口贸易还是进口贸易都远远高于其他国家。

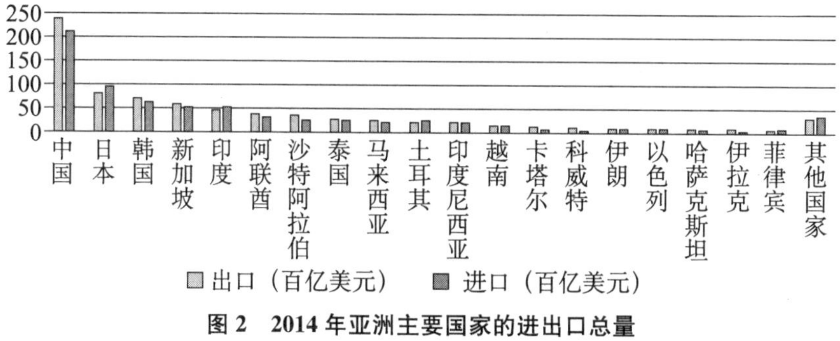

图 2　2014 年亚洲主要国家的进出口总量

资料来源：联合国 **Comtrade** 数据库。

① 由于 2014 年亚洲各国的 GDP 统计相比于 2015 年全面，因此，我们在这里选取 2014 年的数据。其中，朝鲜、叙利亚、也门这三个国家的数据缺失。此部分资料来源于 WDI 数据库。

在亚洲区域内部的经济条件和对外贸易状况存在如此巨大差异的背景下，向亚洲投放基础设施项目的过程中，并没有一个投资的“统一格式”，需要亚投行对每一个国家、每一个地区做出细致的分析和深入的调研，规划出符合地区情况和多方利益的最优方案，其难度可想而知。因此，建立一个“没有贫困的亚洲”，仍然任重道远。

2. 亚投行的进一步发展面临着来自多国博弈的压力

虽然有57个国家加入亚投行这一大家庭中，但在不同国家在亚太地区的利益纷争背景下，它们加入亚投行的目的并非单单是促进亚洲地区的基础设施建设和减少贫困，这些国家也有着各自的利益诉求。不仅如此，那些未加入亚投行的国家，也在深刻地影响着亚投行的发展前景。

首先，亚投行的发展面临着来自区域外的美国力量的制约。在亚投行成立之初，美国便提出了质疑与反对。事实上，长久以来，美国对中国崛起存有疑虑和偏见。其政界、学界普遍认为，中国日益壮大且缺乏透明度的军事力量以及越发强势的外交政策给东亚地区局势的稳定笼罩了一层阴影。正是基于此，美国以“亚太再平衡”为名，在以“新丝绸之路”计划等方式积极介入亚洲经济事务的同时，也在中国周边进行了周密的军事部署，并暗中怂恿个别国家挑战中国领土（海）主权。美国的种种行径极大地破坏了中国与邻国的政治友好环境，也为亚投行以及“一带一路”战略的实施增加了重重阻碍。

其次，区域内的日本是限制亚投行发展的潜在力量。虽然日本官方表示不加入亚投行的原因在于对亚投行治理结构、董事会的成立、债务可持续性与环保等问题上存有疑虑，然则其真正的原因有二：一是出于对区域主导权争夺的“同辈效应”，担忧中国挑战其在亚洲的金融地位；二是在政治层面严重依赖美国的背景下，来自美国的外在压力。在内外两方面的共同作用下，未来亚投行的进一步发展将面临越来越多的来自日本方面的阻碍和压力。

最后，那些已经加入亚投行的国家也可能会在一定程度上阻碍亚投行的发展。事实上，即便是与中国有着战略合作伙伴关系的俄罗斯也担心中国对中亚地区掌控力的增强会影响其欧亚联盟的建设（中国被排除在这一联盟之外）。此外，除了与中国的领土争端问题，印度对逐步渗透的中国力量也存有戒心，为了巩固其在印度洋的影响，本身也在推动“季风计划＋香料之路”战略①。而像哈萨克斯坦、乌兹别克斯坦、土耳其都是区域性强国，基于文化因素，它们对于所在的中亚走廊有着不同于中国的利益诉求。韩国虽加入了亚投行，但作为美国“亚太再平衡”战略的重要支撑，韩国仍是美国的政治扈从。

因此，在亚投行的框架内，中国既要顾及其他成员国，特别是其他大国的利益，又不能违背自己初衷与根本利益。正如北京大学经济政策研究所所长陈玉宇所说：“中国这样一个新手，能否把自己的战略意图和其他发展中国家基础设施发展的需求和利益相结合，能否娴熟地与已有的国际秩序和游戏规则结合好，这期间将充满博弈，中国也会在博弈中不断权衡取舍。”②

3. 亚投行面临着同现有国际金融机构的竞争

亚投行的成立并非一帆风顺，早在其筹划之初就遭到了诸多质疑和反对。其中一个比较大的争议就是，既然亚洲已经有了亚行，为什

① 该战略的雄心落在广义的印度洋世界，其核心要义是以文化与历史为纽带，恢复古代“香料之路”，促进环印度洋区域合作。

② 蔡婷贻，王延春，金焱．亚投行前途．财经网，2015－04－07.

么还要设立亚投行？亚投行与亚行之间的竞争在最初或许便已形成。

一方面，亚投行事实上是在亚行饱受质疑的背景下推出的，而在某种意义上来说，正是有了亚行的饱受质疑，才有了亚投行的顺利推出。亚行至少有三点遭到人们的诟病。其一，亚行受到了美国和日本的控制。美国和日本是亚行的最大出资国并占有绝对的投票权，亚行历任九任行长也全部由日本人出任。其二，融资能力有限。据亚行的测算，2010—2020年亚洲各国基础设施投资合计约需8万亿美元，但世界银行和亚行目前每年能够给亚洲的资金大概只有200亿美元，用于基础设施的数额也仅为这些资金的40%～50%。其三，融资条件苛刻。在“华盛顿共识”的影响下，日美等国家主导的亚行、IMF、世行等机构在发放贷款前通常会附加一定的经济政治条件。这些条件有些确实是对申请国进行经济改革的要求，理论上能够帮助这些国家实现长期的经济发展，然而这些硬性要求往往并不符合申请国的实际情况，从而让申请国无从获得贷款，或因为拖延而错过了获得贷款的最佳时机。

另一方面，从具体的功能和业务领域来看，亚投行和亚行确实存在着一定的业务重叠。亚行成立于1966年，其宗旨是帮助发展中成员减少贫困，提高人民生活水平，以“实现没有贫困的亚太”为目标。除了基础设施建设，亚行主要覆盖的领域还包括能源、环保、教育和卫生，其主要援助方式是通过政策对话、担保、贷款、技术支持、援助与赠款等促进亚洲地区的发展。因此从功能定位上来看，亚投行与亚行没有什么差别，竞争其实难以避免。另外，由于亚行是由美日共同主导，其与亚投行之间的竞争实质上是中美日之间力量博弈的缩影。

除了亚行之外，世行和欧洲复兴开发银行等其他多边金融机构也在抢夺亚洲市场。菲律宾和越南是世行在东南亚的资助重点，而印度是世行在南亚发放贷款最多的国家；亚行则建立了东盟基础设施基金，作为主要出资方帮助东盟实施东盟互联互通规划；欧洲复兴开发银行目前是俄罗斯和乌克兰基础设施领域最大的国际金融机构投资者，市场份额分别占75%和43%。总的来看，各大国际银行已经在争夺基础设施建设这块“蛋糕”，亚投行的横空出世也必然会加剧这场竞争。但是正如亚投行与亚行之间合作竞争的关系一样，我们相信，亚投行的建立不仅不会削弱世界银行、欧洲复兴发展银行等现有多边金融机构的影响力，反而会增强多边开发性金融的整体力量，并将有力地推动全球经济的发展。自亚投行倡议提出以来，世行行长金墉、IMF总裁拉加德都表示积极支持筹建亚投行，并愿与亚投行开展合作。作为上述多边金融机构的重要股东，中国也将积极推动亚投行与上述银行在人员培训、信息交流、知识共享、风险防控、项目融资等方面开展合作，共同提高本地区基础设施融资水平，促进本地区的经济和社会发展。

五、 结论和政策建议

作为世界上面积最大、人口最多的大洲，亚洲拥有着无穷的发展潜力。“要致富，先修路”，但是由于亚洲地区自身情况的复杂性以及国际多边金融机构苛刻、冗杂的贷款程序，使得亚洲基础设施建设长期以来受到资金瓶颈的束缚。在这样的背景下，中国站在国际舞台上发出强音，打开了中国政治经济的新篇章，这就是亚投行战略。亚投行的创建显示出中国外交政策由“韬光养晦”向“有所作为”的转变，也成为引领国际金融体系改革的伟大尝试。

在这样的背景下，我们从当前全球金融体系的缺陷出发，详细探讨了亚投行对于全球金融体系变革和世界经济发展的意义，并在此基础上进一步探讨了亚投行未来发展过程中所可能面临的困难和挑战。我们认为，亚投行仍在草创之际，对于亚投行能否成功运营，中国一再强调，亚投行既要向现有的多边国际机构学习，也要吸取它们的教训。关键所在是寻求建立一个更加精简、廉洁、绿色的多边机构，追求互利共赢促发展。在推行人民币国际化的同时，也要规避美元霸权主义的弊端，真正体现中国在国际事务中的领导风范。在本章的结尾，我们提出如下对策建议：

第一，寻求多方合作，丰富亚投行的融资途径。未来亚投行可以采取多样化的融资方式，除了已有的投资基金和政府发行长期发行债券或设立各种创新融资工具等旧模式外，还可以积极推进 PPP 模式，广泛动员私人部门的财力物力。进一步，还可考虑与其他国际组织、投融资机构以及非亚投行成员国政府进行合作，为亚洲基础设施建设筹措更多的资金。

第二，拒绝空乏机制，坚持中国主导。此前，中国为了拉拢更多的国家进入，曾表示考虑放弃一票否决权，同时随着成员国数目的增加，中国的股份比例也相应被稀释。纵观历史，一个庞大的国际组织若没有一个强有力的领导者，那最终势必会流于形式。正如近年来的印太战略①、APEC 论坛等，都是虎头蛇尾，草草收场。在这方面，中国应坚持自己在亚投行的地位，慎重对待亚投行的扩张，同时还要加快制定亚投行规章制度，尤其是优先制定严厉的新成员准入资质要求。最后，中国应尝试构建自己的联盟体系，加强与金砖银行、丝路

---

① “印太战略”是指将“亚太再平衡”扩大到印度洋区域，实现两洋融合。该战略受到美国、日本、印度、澳大利亚等国的欢迎，但因各方利益诉求不同，其实现不易。

基金等“朋友圈”的联动，参与制定区域乃至全球规则，以亚投行为平台，真正彰显大国实力，塑造一个负责任的中国形象，不断提升自身的国际影响力。

第三，在合作和学习中完善自身，构建有亚投行特色的治理框架。能够站在巨人的肩膀上，是亚投行的后发优势。亚投行应该积极寻取与世行、亚行以及 IMF 的广泛合作，汲取经验。当然，亚投行绝不是简单拷贝这些多边金融机构的机制，而是应该借鉴和创新。1998 年亚洲金融危机的爆发让发展中国家对 IMF 愈加不满，它们指责国际组织在给发展中国家提供援助时，往往附加开放市场、体制改革等符合发达国家思维的苛刻条件①。因此，我们要摈弃上述多边机构的审查机制，建立自己的贷款评估机制，既要对贷款的发放、使用和回收进行严格的审查，也要具体问题具体分析，结合贷款国国情，有的放矢。面对这样一个系统工程，亚投行在成立之初恐怕不具备完善的评估能力，所以短期内我们还需借助外力，例如与国际知名的第三方评级机构（如标普、穆迪和惠誉）的合作，并着手建立自己的评估机构。同时我们还要实现治理结构的动态化，亚投行治理结构的过程本身是开放的、可灵活调整的，并随着成员国的增加与开放程度的深入而变化。此外，虽然中国是亚投行的发起人和领导者，但我们要避免单向主导其事务的状态，秉承“利益分享、发展互赢”的基本方向，唯其如是才能真正为全球金融秩序和治理结构的改变做出应有的贡献。

第四，协调多方利益，严控投资风险。风险既来自投资环境，也来自成员国内部。随着亚洲国家对外投资力度的不断加大，其面临的

---

① 在 1998 年的亚洲金融危机中，IMF 开出了不当“药方”，它要求受灾国紧缩财政，这造成更惨重的损失，致使亚洲有关国家经济长期疲软。

风险也在不断上升。其中一部分国家因为自身经济下滑而无力偿还贷款，另一部分国家的投资环境则相对较差，比如政局不稳、政府低效独裁、政府腐败缺乏信誉、产权不受保护，等等。当面对有风险的投资时，中国应在亚投行的框架下积极与其他成员国合作，建立一套标准高、要求严、认可度高的规章秩序，严控风险。除此之外，由于亚投行参与国中主权信用等级B级以下的国家不在少数，这些国家还面临政局不稳定、地缘政治冲突、宗教民族矛盾不断等问题，因此亚投行要充分意识到文化、宗教等意识形态领域的差别，加强对当地政治生态的了解，熟悉当地的政治文化环境。此外，随着西方大国的加入，原本就错综复杂的亚洲地区会产生新的不确定性。中国首次管理一个多边机构，任务艰巨。从欧洲老牌资本主义国家到亚洲落后国家，亚投行的成员组成十分复杂。相比于利益协调，根本的文化融合会更加困难。如何学会“当老大”，妥善协调好各方利益，在亚投行中弘扬中华文明的兼容并包，让各方都能求同存异，在这方面中国还有很长的路要走。

第十章

全球治理的中国探索之六：为什么说中国拯救了 G20?

目前，二十国集团（G20）成员国覆盖了全球经济 GDP 的 90%、全球贸易的 80%、全球人口的 2/3，全球面积的 60%，特别是新兴经济体的加入，使得 G20 在危机时期起到了引领经济的“火车头”的作用。然而，世界经济在不断发展变化，国际力量格局也在不断调整，因而国际关系形势也时刻处于变动之中，G20 也需要在反映和适应世界政治经济形势基础层面变化的基础上，适时进行发展革新。但长期以来，各国对推进 G20 机制化建设难以达成共识。作为一个非正式的国际机制，G20 行动建立在成员国自愿实施的基础上，因此其声明对各国并不具有法律约束力，更不存在强制执行的要求。由是可见，G20 制度化水平相对较低，是一个“软机制”。近年来，G20 在加强全球宏观经济政策协调、实现经济强劲可持续平衡增长、推进国际金融机构改革等方面陷入能力不足的境地，作为全球经济治理首要平台的地位受到冷落。

一、 G20 在国际体系中的 “身份困境”

G20 在治理体系与治理能力方面面临的挑战，源自 G20 在国际体系中的身份困境。伴随着全球经济的缓慢复苏，加上各国经济复苏步伐的不一致，因而G20设立时所针对的金融危机议题不再紧迫，“临时性”机制面临尴尬。这种尴尬实际上体现了一个根本性的问题，即G20作为一个非正式国际机制，在国际体系中如何保证其合法性和公信力。

此外，G20还面临全球治理体系的“功能危机”。G20被定位为“国际经济合作的首要论坛”，理论上表明其应该在全球经济治理体系中具有“顶层设计机制”的地位，包括国际金融体制改革在内的各类全球性经济治理改革都要由G20来推动。事实上，过去几年来G20也一直在进行这方面的努力，然而对G20各项承诺的跟踪统计结果表明，自2008年华盛顿峰会以来，G20峰会公报所做出的承诺超过120项，而直至今日真正得以兑现和执行的承诺不足50%，尤其是当面临IMF改革受阻的情况时G20几乎束手无策，以及针对“额外增长2个百分点”（即2014年布里斯班峰会公报提出的到2018年前使G20整体GDP额外增长2%以上）目标缺乏执行手段的困境。这些困境也反映了当今全球治理中存在的一大悖论，即虽然不同国家集团都在讨论全球治理话题，然而却还没有形成一个高效的、能解决核心难题的全球治理体系。G20原本应能成为统合不同国家及国家间组织的利益诉求的最有效平台，但这一平台并没有被充分地打造和利用。

国际金融危机爆发至今，世界经济依然在重重迷雾中艰难前行。由于G20没有秘书处和具体章程，以致长期以来有人认为G20是“清谈馆”，且有逐渐被边缘化的危险。但作为一个极具代表性的新的国际合作框架基础，G20的历史使命不应仅仅局限于作为一个非正式论坛去解决眼下的危机，而应随着21世纪国际政治经济的发展变化转变为一个长效机制，并肩负起全球经济治理的使命。

二、 中国是延续 G20 机制有效性的关键力量

2008 年以来，G20 峰会的发展历程可以说是全球经济治理运行史的缩影，也见证了中国积极推动 G20 机制化建设的努力。近年来，G20 机制对全球经济走出动荡、重返增长之路做出了巨大贡献。其中，从 2008 到 2015 年的 7 年间，中国对全球 GDP 增量的贡献率超过了 30%，无疑起到了全球经济“火车头”的作用。中国作为负责任大国积极参与 G20 事务，致力于推动 G20 从危机应对机制向长效治理机制转型，引领国际经济、金融秩序的优化与重建，为全球经济发展和经济治理提出中国主张，贡献中国智慧，在历届 G20 峰会中均留下了印记，中国的理念深刻影响着全球治理各个领域的进程与方向。

1. 美国华盛顿峰会（2008 年 11 月）：通力合作，共度时艰

2008 年，G20 财长会升级为领导人会议，并在华盛顿举行首次领导人峰会，时任国家主席胡锦涛出席峰会并做了题为《通力合作，共度时艰》的重要讲话，呼吁国际社会加强宏观经济政策调控，深化国际金融监管，共同应对全球问题。

回顾 2008 年全球金融危机，相对于主要发达国家，中国金融体系较为稳健，外汇储备（截至 2008 年年底）高达 2 万亿美元，国内经济总量庞大，中国受到的冲击相对较小。然而作为当今国际体系中负责任的大国，中国并没有选择袖手旁观，而是在积极采取大规模国内刺激计划的同时，与国际社会一道共同应对危机，体现了负责任大国的国际形象。

2. 英国伦敦峰会（2009年4月）：携手合作，同舟共济

伦敦峰会的主题是改革国际金融体系，这突显了当时国际金融形势的严峻性和挑战性。时任国家主席胡锦涛在峰会上做了题为《携手合作，同舟共济》的重要演讲，对恢复世界经济增长、维护全球金融稳定提出了五点建议，包括：进一步坚定信心、进一步加强合作、进一步推进改革、进一步反对保护主义和进一步支持发展中国家等。

在伦敦峰会上，中国向外界传递了这样一种信号，即G20给世界经济带来信心，给世界各地的人们带来新的希望，也同样给中国以发展的机遇和希望，中国愿意为世界经济恢复增长做出贡献。

3. 美国匹兹堡峰会（2009年9月）：全力促进增长，推动平衡发展

匹兹堡峰会确定了G20峰会自2011年起每年举办一次的机制。时任国家主席胡锦涛出席峰会并做了题为《全力促进增长，推动平衡发展》的重要讲话，为世界经济全面复苏提出了三点建议：一是坚定不移刺激经济增长；二是坚定不移推进国际金融体系改革；三是坚定不移推动世界经济平衡发展。

中国同意建立“强劲、可持续和平衡增长框架”和促其正常运行的“相互评估程序”，呼吁国际社会应该充分利用G20平台，继续加强宏观经济政策协调，从而保持政策导向总体一致性、时效性、前瞻性。

4. 加拿大多伦多峰会（2010年6月）：同心协力，共创未来

时任国家主席胡锦涛在多伦多峰会上做了题为《同心协力，共创未来》的重要讲话，呼吁各国要深刻认识国际金融危机深层次影响的

严重性和复杂性，推动 G20 从应对国际金融危机的有效机制转向促进国际经济合作的主要平台，加快建设公平、公正、包容、有序的国际金融新秩序，促进建设开放自由的全球贸易体制。

此外，中国也努力推动各国加大对发展议题的关注，提高发展中国家自我发展能力，推动世界经济尽早进入强劲、可持续、平衡增长。

5. 韩国首尔峰会（2010 年 11 月）：再接再厉，共促发展

时任国家主席胡锦涛出席并做了题为《再接再厉，共促发展》的讲话，强调要实现世界经济强劲、可持续、平衡增长，各国必须做到以下几点：完善框架机制，推动合作发展；倡导开放贸易，推动协调发展；完善金融体系，推动稳定发展；缩小发展差距，推动平衡发展。

这一重要讲话既阐明了促进世界经济强劲、可持续、平衡增长的中国主张，同时也向世界呈现了中国发展的成就以及中国融入世界、推动世界发展的信心和决心，不仅反映了与会多数国家的共同意愿，而且符合全世界多数国家的发展利益，展现了中国的大国担当。

6. 法国戛纳峰会（2011 年 11 月）：合力推动增长，合作谋求共赢

时任国家主席胡锦涛在峰会上做了题为《合力推动增长，合作谋求共赢》的重要讲话，全面阐述了中国对走出国际金融危机，加强全球经济治理，实现世界经济强劲、可持续、平衡增长的立场和主张，向国际社会传递了保增长、促稳定的明确信号。

为此，胡锦涛主席提出了五点建议：第一，坚持在增长中兼顾平

衡；第二，坚持在合作中谋求共赢；第三，坚持在改革中完善治理；第四，坚持在创新中不断前进；第五，坚持在发展中共促繁荣。

这些建议，考虑了全球经济的整体状况，不仅符合中国和其他发展中国家利益，也符合发达国家利益。在世界经济面临重大风险之际，中国通过扩大内需、增加投资保持了经济强劲增长，对推动全球经济复苏起到了积极作用，彰显了负责任的大国形象。

7. 墨西哥洛斯卡沃斯峰会（2012 年 6 月）：稳中求进，共促发展

时任国家主席胡锦涛出席并做了题为《稳中求进，共促发展》的重要讲话，全面阐述了保增长、促稳定的具体政策主张，体现了中国愿为世界经济复苏和增长做出积极贡献的意愿。

中国主张的“稳中求进，共促发展”是一种稳健的政策，它避开了非黑即白的二元思维。这向全世界发出了一个强有力的信号，即中国经济会朝着这一方向发展，成为全球经济复苏的重要推动力。

8. 俄罗斯圣彼得堡峰会（2013 年 9 月）：共同维护和发展开放型世界经济

国家主席习近平出席并做了题为《共同维护和发展开放型世界经济》的发言，呼吁世界各国要放眼长远，努力塑造各国发展创新、增长联动、利益融合的世界经济，坚定维护和发展开放型世界经济。为此，国际社会应当采取负责任的宏观经济政策，共同维护和发展开放型世界经济，完善全球经济治理，使之更加公平公正。

此外，习近平主席还强调了中国坚定不移推进改革的决心，指出中国将坚持互利共赢的开放战略，深化涉及投资、贸易体制改革，完

善法律法规，为各国在华企业创造公平经营的法治环境，与各国携手共建开放型世界经济。

9. 澳大利亚布里斯班峰会（2014 年 11 月）：推动创新发展，实现联动增长

国家主席习近平在三个阶段的会议上均做了重要发言，就推动世界经济增长、完善全球经济治理体系、维护能源安全等议题，向与会各方全面阐述了中国观点。

习近平主席强调，中国将继续保持经济增长势头，为推动世界经济增长做出更大贡献，并建议 G20 从以下几方面做出努力：第一，创新发展方式。各国要创新发展理念、政策、方式，通过宏观经济政策和社会政策的结合，充分释放市场力量。第二，建设开放型世界经济。各国要维护多边贸易体制，构建互利共赢的全球价值链，培育全球大市场，反对贸易和投资保护主义，推动多哈回合谈判。第三，完善全球经济治理。各国要致力于建设公平公正、包容有序的国际金融体系，提高新兴市场国家和发展中国在家代表性和发言权。

这些主张既着眼于当下又放眼未来，体现了大国的高瞻远瞩和积极参与国际事务并切实履行成员义务的责任与担当。简单地说，中国在发展自己的同时，也在越来越积极地参与全球经济事务，并为此贡献着中国智慧和中国方案。

10. 土耳其安塔利亚峰会（2015 年 11 月）：创新增长路径，共享发展成果

国家主席习近平在安塔利峰会上做了题为《创新增长路径，共享发展成果》的重要讲话，系统、深入阐述了中国对当今世界经济形势

的看法和主张。

习近平主席强调，作为国际经济合作主要论坛，G20要确定目标、指明方向、发挥领导力，既要治标以求眼下稳增长，又要治本以谋长远添动力；既要落实好以往成果，又要凝聚新的共识；既要采取国内措施、做好自己的事，又要精诚合作、共同应对挑战。

围绕“怎么看?”“怎么办?”两大问题，习近平主席为促进全球经济增长开出了四张“药方”，即加强宏观经济政策沟通协调、推动改革创新培育新动力、构建开放型世界经济、落实好联合国《2030年可持续发展议程》。

在G20安塔利亚峰会所发表的公报中，成员国呼吁加强经济复苏和提升潜力、合作实施稳健宏观经济政策、确保包容性增长、推动贸易和投资，充分吸收反映了来自中国的观点和立场。此外，G20提出的全球经济包容和稳健增长政策框架，与中国“十三五”规划有着三方面的一致性，即理念一致、措施一致、周期一致。G20峰会所要做的工作，可看作是制定“国际版的‘十三五’规划”。

三、 G20杭州峰会：中国智慧引领G20扬帆再起航

2016年9月4日至5日，G20领导人第十一次峰会在中国杭州举行。会上，习近平主席把脉世界经济，“开出中国药方”。如果说8年前G20临危受命，把正在滑向悬崖的世界经济拉回到稳定和复苏的轨道，那么8年后，以杭州为新起点，中国智慧引领G20再次扬帆起航，带领世界经济驶向强劲、可持续、平衡、包容增长的广阔大海。

杭州峰会的一大战略目标是推动G20的机制转型，即进一步从危

机应对机制向长效治理机制转型，从侧重短期政策向短中长期政策并重转型。这充分体现在峰会主题议题的设置和峰会成果的设计上。

首先，在主题设置上，构建“创新、活力、联动、包容”的世界经济以及创新增长方式、更高效的全球经济金融治理、强劲的国际贸易投资和包容联动式发展等四大议题，体现了中国着眼长远，推动G20从关注短期周期性政策向长期结构性政策以及完善全球经济治理的体制机制等方面转变。

其次，在峰会成果上，中国推动G20制定了《创新增长蓝图》《二十国集团落实2030年可持续发展议程行动计划》《二十国集团支持非洲和最不发达国家工业化倡议》和《全球基础设施互联互通联盟倡议》等，也体现了中国希望G20有更多中长期规划和治理思维，解决世界经济面临的深层次、结构性难题，而不仅仅是针对短期的国际金融市场波动，被动反应式地进行全球经济治理。

“世界经济又走到一个关键当口”，这是习近平主席对世界经济的综合判断。上一轮科技进步带来的增长动能逐渐衰减，新一轮科技和产业革命尚未形成势头，这个过渡必然充满着迷茫、震荡、疑虑；上一轮全球化浪潮正在慢慢消退，反全球化的声音被放大，从英国脱欧到中东乱局，地缘政治震荡的背后是经济发展的困境，加重了人们对未来经济走向的焦虑和担忧。

对此，习近平主席就应对世界经济当前面临的挑战提出了“五味中药”。

第一，加强宏观政策协调，合力促进全球经济增长、维护金融稳定。第二，创新发展方式，挖掘增长动能。调整政策思路，做到短期政策和中长期政策并重，需求侧管理和供给侧改革并重。第三，完善全球经济治理，夯实机制保障。不断完善国际货币金融体系，优化国际金融机构治理结构，完善全球金融安全网，提高世界经济抗风险能力。第四，建设开放型世界经济，继续推动贸易投资自由化便利化。恪守不采取新的保护主义措施的承诺，加强投资政策协调合作，采取切实行动促进贸易增长。第五，落实联合国《2030年可持续发展议程》，促进包容性发展。综上可以看出，中国把发展置于G20议程的突出位置，共同承诺积极落实联合国《2030年可持续发展议程》，并制订了行动计划，并通过支持非洲和最不发达国家工业化等减少全球发展不平等和不平衡，使各国人民共享世界经济增长成果。这样一来，G20作为“全球经济治理首要平台”的合法性就得到了更加广泛的认可。

在中国的引领下，各国终于在G20平台上再度达成共识，建设创新、活力、联动、包容的世界经济。古罗马哲学家马可·奥勒留曾说：“人类都服从于一个共同的法则，属于某种政治国家。”杭州峰会上，我们也可以说，整个世界是一个共同体，无论是利益共同体还是命运共同体，都需要达成共识，共同行动。

杭州峰会是一个起点，是实现全球经济治理的制度化的新开始。而经过近40年的改革开放，中国探索出了一套可以与世界各国分享的发展理念和经验，这是中国的自我创造和自我奉献。

总之，经过11届领导人峰会的发展，G20机制已经逐渐形成了不断落实和推进全球经济治理的“承诺体系”。在这一体系下，2016年作为G20主席国的中国，将延续性和创新性有机结合，既落实既有峰会成果，又不断提出新的合作倡议，向全世界展现出强大的中国力量。这种力量源自中国在经济社会发展和改革开放事业中所积累的自信心和自豪感，源自中国与世界分享经济发展红利和治国理政经验的意愿与责任感，源自打造人类命运共同体和利益共同体的伟大气魄和中国气派。谋大事，干实事，习近平主席指出："二十国集团承载着世界各国期待，使命重大。我们要努力把二十国集团建设好，为世界经济繁荣稳定把握好大方向。"① 因此，G20 杭州峰会成为 G20 协商机制由短期应对危机向中长期政策制定和全球经济治理转型的分水岭。于 G20 本身而言，杭州峰会意味着中国为其注入了新的活力和诚意，中国愿意帮助 G20 巩固其作为"全球经济治理首要平台"的地位。

---

① 习近平．在二十国领导人杭州峰会上的开幕辞．新华网，2016－09－04.

第十一章

全球治理的中国探索之七：推动国际关系法治化

推动国际关系法治化，统筹国内与国际法治两个大局，推动全球治理体制向着更加公正合理的方向发展，为我国发展和世界和平创造更加有利的条件，是以习近平同志为核心的党中央治国理政新理念、新思想、新战略的重大主题之一。本章简要回顾了法律全球化潮流以及全球治理的实践发展，指出国际关系经历着从武力到外交、从外交到法律的历史进程，在此基础上系统阐述了统筹国内与国际法治两个大局的理论价值和实践意义，进而对推动国际关系法治化的现实基础进行分析。此外，本章提出在全球治理的网络之中，国际法治与法治中国又有着密切的联系，两个网络在一定程度的交叠情况下存在着广泛而复合的相互促动。法治中国建设与国际法治进程与其他国家的法治进程组成丰富而复杂的世界法治系统，两个部分密切关联、相互影响，向世界清晰地表述、宣介中国的法治理念及其途径。积极参与国际法治建设，改造和引领国际关系法治化，是推进国家治理体系和治理能力现代化的重要任务之一。国际法治的开放性是统筹两个大局的基本背景，中国应当也可以为国际法治的价值与程序做出贡献。继而，本章通过万隆会议和“一带一路”对中国统筹国内与国际法治的途径及其内容进行案例分析。最后，本章分别从观念创新、理论构建、制度完善、人才培养等方面探讨了中国积极参与国际法治的能力建设问题。

一、法律全球化与国际关系法治化的历史进程

1. 法律全球化的发展趋势

全球化是当代世界的发展潮流与客观趋势。作为覆盖世界的恢宏实践进程，全球化带给人类社会的，远不止是对经济生活的根本性改造，它还深刻地触及和改变着世界经济、政治、法律、文化的格局，其影响所及对每一个国家的发展现状与前景都产生出难以估量的后果。与此同时，全球化也还从实践领域向意识、思想领域扩散，并成为人们思考问题、观察世界的新背景和新的视角框架。

自20世纪90年代以来，伴随着冷战结束和全球统一市场的形成，出现了显著的全球贸易和投资自由化、金融全球化的趋势，跨国公司的力量越来越大，形成一种新的“利维坦”。于是全球化很快转入金融、跨国公司治理、劳动标准、技术标准、知识产权、信息透明度等领域，又波及跨国犯罪、反恐、反腐败、反人道主义犯罪、保护文化多样性、人员跨境流动、国际互联网、环境治理、人权保护乃至宇宙空间等领域，而所有这些领域和共同问题的解决都涉及全球每个国家、每个组织甚至每个个人，不是单靠一个国家的力量就能奏效的，必须通过所有国家的共同努力，必须进行规范性的治理或者国家将其主权范围内的一些权力“转交”给国际社会，经由超国家组织和国际非政府组织（NGO）行使超国家权力和国际社会权力，协调国际纷争，加强国际合作，以解决一国政府所不能解决的全球问题，于

是，国家权力进一步分化和国际社会化。

在全球治理的所有领域都无一例外地涉及法律问题。这样就形成了与上述领域相适应的法律全球化。所谓法律全球化并不是全球所有领域都按照一个统一的规则行事，它所制约的主要是跨国领域的活动。全球化的趋势只是表明人类活动的空间领域的扩大，并没有也不可能代替主权国家，大量的人类活动仍然是在国家、本土的领域内。从全球化的法律视角观察，目前的法律全球化运动存在两个截然相反但相互补充的趋势：一是国际法的国内化，指国际组织的条约规章为一国国内所接受，转变为对一国国内具有法律约束力的规则；二是国内法的国际化，指原来在一个国家或一个地区范围内通行的法律制度由于某种原因而在全球范围内流行，并呈现规则趋同和统一化的趋势。这样一来，非国家化的三种衍生物——亚国家的、国家的和超国家——的力量就明显地形成三种相互制衡的法律关系格局。当我们要观察一个国家的法律或其他社会变革时，就再也不能仅限于注意其国内的因素，而必须考虑国际因素的综合影响了。

2. 法治国家发展的历史阶段

如果把全球化的发展看作一个历史过程，那么可以将法治国家发展的全球历史大体划分为前现代、现代和后现代三个阶段，与它们相适应的法律形式则分别是前法治国家、法治国家和后法治国家。前法治国家包括两种不同形式，一种是帝国，另一种则是封建制国家。在帝国时代，也曾经存在国家间交往的规则，但只限于宗教的联盟和帝国与它的保护国、纳贡国、海外行省、领地之间。尽管与游牧民族相联系的蒙古帝国、以农立国的中华帝国和依靠海商立国的古罗马帝国均发展出某种形式的“国际关系”。但无论是古代的帝国与其附属国、纳贡国之间，还是封建制的邦国之间存在的某种成文或不成文规则并非建立在独立和主权平等的基础之上，故此不是现代意义上的国际法。

现代法治国家是 17—18 世纪的产物，原因有二：欧洲各国的资产阶级革命都把建立法治国家作为国内反对君主专制的主要任务；1648 年欧洲列强所签订的《威斯特伐利亚和约》开创了现代国际关系的新纪元，同时也是现代意义上的国际法的开端，因为它第一次正式确认了国际关系中的主权原则，同时确立了互相尊重主权、不得干涉内政这一现代国际法的最重要的原则，并因之承认了国家边境的重要意义。现代法治国家的发展可分为两个阶段，第一个阶段是中央集权的专制主义国家（约 1500—1850 年），其特点是：第一，与中央集权相适应，各国法律具有统一性，如英国的普通法，法国的巴黎习惯法，德国的普鲁士统一邦法等的形成都在这个时期。第二，法律基础具有多元性。既相互斗争而又相互制约的不同政治力量——君主、贵族和第三等级——之间谁也吃不掉谁，只有相互利用和妥协，这就为一种新形式的法治创造了社会前提。第二阶段是自由主义的法治国家（约 1850—1945 年）。其特点是：法律具有统一性；限制权力；保障人权。自由主义的法治国家仅仅是西方国家的内部法律制度，随着殖民主义扩张，两大法系的模式也被西方列强带到了被它们征服的土地，但在这些土地上我们看到的绝不是自由主义法治国家，所谓限制权力和保障人权的原则、法律面前人人平等的原则、主权独立原则等是根本不可能做到的。在殖民地没有贸易平等，只有经济掠夺；没有政治独立，只有宗主国最终决定权；没有平等的人权保护，只有身份上的不平等。所谓威斯特伐利亚体系所确立的现代国际关系的准则也仅仅限于宗主国之间的互相尊重主权和不干涉内政，对殖民地而言它们根本不是主权平等的国家，因之也不被包括在威斯特伐利亚体系的范围内。从全球的视角来看，西方自由主义的法治国家和它们的附属物——黑暗的殖民主义制度——构成了那个时代相互依赖和补充的两极。

后法治国家是第二次世界大战结束以后所出现的现象。就制度化和法治化的性质和水平而言，战后的发展可以分为两个阶段。

第一阶段是冷战时期，战后各国法律制度的发展呈现了多元主义的特点，出现了三股世界潮流，即民族主义、福利主义和社会主义。而所有这些发展都对自由主义的法治国家提出了挑战：民族主义是随着战后殖民地、半殖民地国家的民族独立而形成的一股潮流，但实际上它仍然沿着 17、18 世纪以来民族国家、法治国家的道路发展。随着民族国家的独立，一方面它们摆脱了殖民地、附属国的地位，成为国际社会的独立、平等的一员；另一方面这些国家在经济上对西方发达国家的依附性越来越强，西方的法治模式并没有给它们带来社会的平等和繁荣，形式的主权平等和实质的依附地位形成鲜明的反差。福利主义是西方自由主义法治国家的继续。战后随着国家管制水平的变化，加强管制还是放松管制，对法治国家提出了新的挑战。社会主义建立在共产党领导的无产阶级专政的基础上，试图通过有计划的管理经济、政治和社会生活，构建一个更公正、平等的社会，这与建立在个人自由基础上的西方法治模式从实质到形式都不同。

第二阶段是冷战结束以后，由于全球化的影响，上述三种法律模式又在不同程度上向着自由主义的法治模式复归——走向新自由主义。西方国家的福利主义法律模式在全球化的压力下不得不修改福利国家的政策，为了促进出口，增强竞争力，不得不减少国家干预，放松管制，削减福利，降低劳动保护的标准。至于社会主义法律模式，在苏联解体后，中国在新的历史条件下实现了从计划经济到市场经济的转变，提出了“建设社会主义法治国家”的目标，如何把社会主义和法治相结合成为这种法治国家成功与否的关键。此外，民族主义法律模式也受到了极大的挑战，为了吸引更多的外资，“建立良好的投资环境”，必须实现法律和司法的改革，增加法律的公开性和透明度，实现西方式的法治和司法独立。就国际范围而言，战后在冷战时期曾经形成了两大对立的政治、经济和军事集团，即华沙条约组织和北约组织，虽然在外部是尖锐对立的，但在其内部又在相当高的程度上实现了一体化。只不过一体化的形式不同：一个是经济互助委员会，一个是欧洲共同市场，前者通过隶属型的行政管理——苏联和它的卫星国之间犹如过去的大帝国，后者通过平权型的市场交换——美国和它的同盟之间靠经济和军事的实力与市场机制联系在一起。战后另一项制度化的安排就是以联合国为代表的国际组织力量的壮大，包括专门性的国际组织、区域组织，非政府组织等。

冷战结束以后，国际关系的制度化呈现出一系列新的特点。首先，政府间组织虽然都是由主权国家组成，国际组织的协议和章程虽然都通过成员国的同意，但是随着时代的发展，国际组织正在取得越来越大的相对独立性，成员国加入国际组织意味着把原来属于自己主权范围内的某些权力交给了凌驾于它们之上的共同体，一旦加入国际组织，那么在其规则的范围内，主权国家必须服从国际组织有关机构的裁决。这种趋势在世界贸易组织和欧洲联盟的发展中最为明显。其次，虽然主权国家仍然是国际法的最重要的主体，但是非政府组织在国际法的制定过程中所起的作用越来越大，包括像联合国、世界贸易组织、欧洲联盟一类的由主权国家组成的国际组织在其章程中都规定在决议制定的过程中应该听取有关非政府组织的意见，在决议的执行过程中非政府组织应当起到监督的作用。最后，由于前南国际法庭、卢旺达国际法庭和国际刑事法院的成立并对反人道主义犯罪的个人责任进行追究，个人已经成为这类法律关系的主体，公民个人和社会组织都有权因为人权和反人道主义犯罪到有关的国际或国内法院控告自己政府的领导人，凡是成员国都有义务加以配合。但是新自由主义似乎犯了和老自由主义一样的错误：法治国家向后法治国家的转变说明建立在个人自由、限制权力和保障人权基础上的法治必须以全体公民基本生活需要的保障为补充，福利主义和社会主义法律模式正是为了满足这一需要而产生的，而要做到这一点就需要有一个强有力的政府通过一系列的法律政策，能够对社会财富重新分配，而新自由主义的出现实际是把这种状况从一个国家的范围内扩展到全球。它所提出的减少国家干预、减少以至消除贸易障碍、经济自由化、非国家化的主张，并没有也不可能解决世界范围内的南北差距日益扩大，以及由于世界范围内的产业转移（既包括发展中国家也包括发达国家）而带来的成千上万的行业失业、减产的问题，建立在经济全球化基础上的法治主张也只是对这一基础的确认和巩固。如上所述，在一国范围内，要解决市场竞争所带来的贫富差距悬殊需要有一个强有力的政府，那么在国际范围内我们又将依靠什么力量解决南北差距问题，给予全球化的受害者以补偿？我们需要一个超国家的全球组织和全球法来承担这样的职能吗？

3. 国际关系法治化的历史：从武力到外交，从外交到法律

国际关系的法治化，即国际法治，意味着在无政府的国际关系体系中确立法律至上原则、依法控制权力、通过法律手段维护权利的观念和机制，营造法治的国际社会环境和国际秩序格局。

国际关系经历着从武力到外交、从外交到法律的进程。1625 年荷兰学者格劳秀斯出版的《战争与和平法》系统地阐述了国际法的原理与基本规则，此外，结束欧洲三十年战争的 1648 年《威斯特伐利亚和约》形成了政教分离、主权平等的国际交往格局，在这一和约基础之上欧洲社会初步确立了法律秩序。此后的国际交往不断在广度和深度上拓展，会议外交孕育了国际关系的组织化和条约化。20 世纪初以来，第一次世界大战之后的巴黎和会上建立的国际联盟、第二次世界大战以后建立的联合国，引领着国际社会的组织化、条约化进程，一系列的进程号召着各国参与国际法治建设，法治的国际社会已经初露端倪。历史的发展见证着在国际关系中，以武力和武力威胁的方式解决问题的比例逐渐降低，以法律为基础的外交不断提升。

当代国际关系法治化的主要表现，在于国际关系治理主体的多层次性和治理方法的多样性。

首先是国际关系治理主体的多层次性。以往的法律理论几乎全部集中在以国家法律为中心的层次，国际法也是围绕着主权国家的政府间组织构建的，非政府的层次除了涉及国家社团法的内容外，只是作为政府法律调控的对象。而全球治理则包括几个不同的层次：世界性国际组织、区域性国际组织、国家、非政府组织。世界性国际组织的权力来源是国家权力的授予或转移；区域性国际组织的权力来源也是国家权力的授予，但是其成员国与区域性国际组织的关系往往比与其他类型的国际组织的关系更为密切。换句话说，这些授予或转移的权力原来都属于国家主权的范围，只是由于（1）所考虑的问题具有跨国性，成员国的措施对它不能满意地加以调整；（2）只由成员国采取措施或缺少共同体参与的措施会与共同体的要求相冲突或破坏其他成员国利益；（3）共同体层次上的措施由于规模或效果上的原因比成员国层次上的措施会产生明显的利益。国家仍然是现代国际关系中的最重要的主体，其原因在于：(1) 国际组织虽然有各种不同的形式，但是以主权国家为成员的国际组织在其中起着最重要的作用，它们所颁布的任何规章或决议都必须经过主权国家的同意，主权原则仍然是国际关系的最基本的原则。(2) 非政府组织虽然在国际和国内治理的许多领域都发挥着重要作用，但是在当代任何非政府组织都必须受到有关国家法律的约束，从登记、注册到开展活动都要受到国家法律的管制。所以，问题并不是国际组织、非政府组织如何取代国家的作用，而是在承认国家主权的原则的基础上，通过什么方式使国内与国际、政府与非政府的治理连接。从某种意义上说，全球治理之所以要发挥国际组织和非政府组织的作用，只是为了弥补单纯依靠国家治理的不足而并非取代国家治理。非政府国际组织包括跨国公司和非营利性的非政府组织。在威斯特伐利亚体系中，国家是国际法的唯一主体，非政府组织是通过国家才可能参与到国际关系中。而在当代，非政府组织在国际法、国内法的形成和实施中都起到越来越大的作用。

其次是国际关系治理方法的多样性。法律、政治交易、道德、商业习惯、政治权势的对比、谈判等都是国际关系治理的方法，法律只是其中一套治理体系。就法律而言，其法定义务的强制性、授权范围和实际能力的大小、规范确定性和明晰性程度，也都存在这样或那样的差别。有些问题，用软法处理比较好，有些问题则用硬法处理较为适宜，要依条件而定。国际关系法律治理有三个不同的方面：(1) 就全球治理主体的性质（也即公共性）而言，有这样一个序列：纯粹的公权力——公权力和私权力的不同程度的混合——纯粹的私权力。其中有些主体运用的是公权力，如国家权力、亚国家组织以及国家作为成员的世界性和区域性的国际组织；有些主体运用的是私权力，如国内或国际的非政府组织、营利性跨国公司和非营利性非政府组织。(2) 就全球治理主体的自治程度（也即独立性）而言，有这样一个序列：纯粹的国家间的组织——国家间组织和超国家组织之间的不同程度的结合——超国家组织。国际组织的权力虽然来源于成员国或成员的授权，但它又具有相对独立性，有的具有自己完备的决策（立法）、行政和执法（解决争端机制）机构，有的则纯粹是一种国家间机构，完全依赖于成员国一致同意，没有自己的独立性。(3) 就全球治理的规范化、制度化程度（也即规范性）而言，也存在一个序列：纯粹的无规则的个别性调整——规范性调整与个别性调整的不同程度的结合——纯粹的规范性调整。有的领域规范化、制度化的水平较高，有一套规则体系，有制定、解释和适用规则的机构；有的则规范化、制度化水平较低，没有处理和解决问题的规则，出现问题主要靠谈判、协商或直接的报复的形式解决。

二、 统筹国内法治与国际法治的重要意义

作为一个在国际格局中日益显著的大国，中国的法治建设、法治观念、法治理论都不可能不考虑对外关系的问题，不能不讨论国际法的位置，不能不分析法治中国与国际法治的关系。统筹中国法治与国际法治这两个大局，无论对于准确认知和处理国际法治在法治中国理论体系中的位置，还是对于中国参与国际法治、充分利用国际法体系的实践，都具有非常关键的作用。可以说，中国越是客观、全面地认识到国际法对于中国的作用和影响，越是深入、准确地把握中国与国际法治的相互关系，就越是有利于积极主动地参与国际法治的建构，就越有

利于自身的改革开放事业，越有利于中国长久的繁荣和稳定的发展。

1. 理论意义：国际法治与国内法治相互独立，二者具有原理上的共性，同时具有阶段和任务上的共性

当前，理论界和实践界都越来越明确地认识到，法治中国的建设需要逻辑清晰、明确坚实的观念基础，并在此基础之上形成中国特色社会主义法治理论体系，进而在日益深化的全球化大背景下去考虑依法治国。此外，在国际社会相互依赖，甚至形成一个命运共同体的世界之上，必须考虑国际法、国际法治。

首先，需要辨明国际法治与法治中国的结构个性。中国迈向法治、建设法治的努力是全球法治进程中的一部分。而全球法治，正如联合国的多项文件所阐述的，包括“国家和国际两级法治”，也就是一国之内的法治和国家之间的法治两个部分。由此可见，国际法治与法治中国是法治这个总系统中两个彼此独立的子系统，二者各有其特定的规范基础、组织架构、程序规则和运行机制，彼此不存在隶属关系，因而各自有其背景、要求、表现。法治中国是在中国之内的治理方法法律化，使中国在法律体系特别是宪法体系之中形成尊重法律、信仰法律、遵从法律的社会环境和社会秩序运行模式，主要手段是约束政府的权力运行，目标是形成一个健康、公正、高效、廉洁的社会运行机制，主要关注面在于国内治理，包括如何约束政府权力的滥用，如何维护公民的权益不受政府任性滥用权力的侵犯。这里虽然也会涉及公民涉外交往的权利和一定程度上外国人的权利，但显然主要是国内公民的权利，通过立法、执法、司法和守法的方式将国家治理的质量提升，呈现良好的社会秩序。

其次，需要把握国际法治与法治中国的原理共性。法治中国与国

际法治共享思想与理念的渊源。法律的概念始于一国之内，法治的概念也始于一国之内。虽然法治的观念来源于西方，但其并不因此就成为一个代表着西方思想、价值观念的术语。毋宁说，法治代表着整个人类历史发展共同的文明成果，是一种跨文化的思想与实践的结晶。法治这一概念从亚里士多德、柏拉图的认可和界定开始，到中世纪神学对于法律尊严的表述，再到启蒙思想家的阐发，直至戴西给出较为明确的界定，经历了一个漫长的过程。虽然在西方文化土壤中生根发芽开花结果，但经历了不同的社会制度形态和不同的国家结构类型，具有相当大的代表性，成为包括法治中国在内的各国法治道路与国际法治探索的重要思想和理论基础。无论是法律至上，还是限制权力，所有的法治原理都应当被认为是人类智慧的结晶、世界文明的共识，是法治中国和国际法治所共享的。法治的根基在于造福于人，这一点是国际法治与国内法治共享的理念。法治中国的建设必须遵循人们在法治上达成的共识，必须符合人类法治的共同原理。

最后，要理解国际法治与法治中国的相似任务。当代国际法不仅对于很多新的领域和问题（例如网络攻击的法律定性）并不存在成型的规范，而且对于很多传统的问题也还存在很多的争议。按照法理学家哈特的规范分类方法，法律是初级规则和派生规则的结合，初级规则确立权利义务，而派生规则则是有关规则的规则，其确立规则的有效性和形成、变化及消灭。从整个国际法的状态上看，初级规则比较发达，但由于国际法律规范的位阶尚未有效地形成，争端解决和责任制度也经常缺位，派生规则基本上非常薄弱，因而国际法治处于相当不成熟的阶段。

2. 现实意义：国际关系未能法治化给中国带来的痛苦记忆

统筹国际法治和国内法治有利于国际法体系的公平合理发展。当前，国际关系在大国政治的主导情境下出现了法治的发展端倪，具体表现在国际法立法的数量繁多、领域广泛、内容细化，国际执法的机构和程序、国际司法的质量与权威、国际守法的意识和水平均有上升的趋势等方面。此外，更主要的表现在于法治成了国际社会处理相关事务的主导话语，国际组织和国际会议对于法治的热忱和使用频度都明显增加。但是这种现象仅仅是法治的表面，而非深层和实质。国际法的诸项规则是否符合公平和正义的尺度，国际组织机构是否平稳健康地存在，国际体制是否顺畅高效地运行，都是有待于观察、分析、反思、拷问的。在诸多主要和关键的问题上，国际法都还存在未定的传统，在基本的原则和理论上还存在诸多争论。其中最具有根本性的是国际法的“二元困境”。这种二元困境可能具体化为“国家利益”与“人类共同利益”之间的紧张，可能体现为“人权”与“主权”之间的紧张，也可能体现为“国际体制”与“国家任意”之间的紧张，以及“永久和平”的理想主义普遍规则与现实主义特殊意志之间的冲突。而“二元困境”的最深刻问题则在于国际法的终极目标的确立上。在国家体制中，呈现出一种单纯的“政府权力—公民权利”的互动关系，而在国际关系中，则呈现出一种“国际机制—国家权力”和“国家权力—公民权利”并存的互动关系。此时，究竟是以国家主权与独立为核心价值目标，还是以人的自由和尊严为核心价值目标，在很多时候是国际法必须严肃对待并不能回避的问题，而这一问题有牵涉国际法的定位。这种“二元困境”必然影响着国际法治的理念和体系，而法治的精髓除了法律至上就是控制权力。

统筹国际法治和国内法治有利于中国提升国际话语权。就当前的中国而言，硬实力已经初步具备并且获得了世界各国的充分认可和关注，但是如何铸就自身的软实力，仍然是一个需要认真面对并着力解决的重要问题。自中华人民共和国建国之初，中国的专业人士和民众就与领导人探讨如何在文学、音乐、美术上百花齐放、推陈出新，其实也包括在制度领域的理论创新与实践发展，也就必然包括在国际法方面的理论建构和现实话语。但令人遗憾的是，由于在历史上中国与国际法体系长期疏离，特别是中国在国家的核心利益上曾经受到国际法的负反馈，导致中国在国际关系与国际法领域的软实力远未形成。不仅在中华人民共和国建立之前我们屡屡受到西方列强以国际法为名的侵扰，就是在新中国建立之后国际法体系也长期对我们不利。在国际局势长期不利的情况下所形成的话语能力欠缺、话语体系贫乏，实际上已经成为中国进一步发展的软肋，成为中华民族伟大复兴的瓶颈，在一定程度上制约和妨碍了中国的发展。中国有必要进一步树立在国际事务积极明确表达自己的信心，以减少在国际事务中受到的误解和曲解，通过增强对国际法治的积极主动、鲜明有效的表达来提升中国的软实力，改进中国的国际形象，塑造中国的国际声望，增强国际社会对于中国的理解和支持，这不仅有助于缓解周边国家的“中国威胁论”，也有助于中国企业在海外投资的东道国及其民众正面认识中国海外投资行为，使得国际组织、非政府组织对中国的印象和评价不断改善，减小中国在国际体系与结构中的上行压力。

三、 中国参与国际法治的领域与层次

1. 国际法治的开放性是中国可以积极参与其中的基本背景

国际法并不是一个封闭自足的系统，而是一个动态的开放进程。虽然自现代国际法诞生至今已经有 400 年的历史，但是由于国际社会

的整体环境是战乱频仍、纷争不断，国际法真正稳定健康发展的时间并不长。而在国际法稳定发展的过程中，很多都是基于西方国家（特别是欧洲）的实践经验和思想传统而呈现的。此外，国际法的初级性是我们认识国际法治的基本语境和认知基础。在很多方面，如果仅看规则，似乎清晰而明确；但如果深入实践问题、立法问题，就会发现很多未决的理论纷争和实践困境，有待于进一步研讨从而提供解释路径和解决方案。根据建构主义的国际关系理论，国家不是被动地接受国际环境，而是制造和建构着国际环境。所以，这种开放性对于中国来说就意味着多重可能性，即中国可以通过自身的话语和行动塑造这一外部环境，进而为国际法治的形成和发展提供中国的方案和建议，促进国际法治的均衡、健康、公正发展。

在规则层面上，国际法的主要渊源是条约、习惯和一般法律原则，虽然司法造法的实践已有端倪，但尚未被广泛认可。各国的立法、司法等法治进程中的标志都会成为国际习惯的证据，塑造着国际法治的形态，至于各国在长期的法治实践中形成的共同原则——例如一罪不二罚、一事不再理、禁止反言等——更是被国际法所接受，成为其衡量是非、定纷止争的重要尺度。因而，中国是有可能通过自身的法治实践增益国际法治的规范的。

从很多国际法规则的结构和内容上看，它们并没有对于各项法治目标做出明确的程序和手段要求，而是留给各个国家较大的立法和行政空间，要求其自行确立和执行规范。中国在确立这些执行规范的时候，既是在建设和完善自身的法治，也是在完成和补足国际法治的要求。

2. 中国可以为国际法治的价值与程序做出贡献

在法治中国的语境下，要避免两个倾向：一是对于现有的国际法治主张轻信和盲从；二是对于国际社会的法治立场与主张不加鉴别和分析地忽视和抵制。在国际法治的理论框架之中，国际法应当是限制权力的力量，而不是供权力使用的工具。学者们已经认识到，国际法应当具有道德性以在全球秩序中确立法律区别于政治的特性。在此基础之上，学者们还进一步认为，康德的国际法理论有助于恢复国际法的道德因素。就当代国际法治而言，最主要的问题就是国际法的“二元困境”与价值抉择的问题。就国内法治而言，其基本价值是比较清晰的，即尊重和保护个人的基本权利、自由、利益，使其免受政府专横权力滥用的侵害。虽然在这个方面也存在诸多可以进一步予以理论探讨的问题，例如权利之间存在冲突应当如何选择和权衡、在何种情况下根据何种程序可以进行权利的克减等，但个人的基本权利和自由这一核心价值在法治观念和体系中的基石地位不容否认。各个国家，只要是真诚地建设法治，都必须将人权置于首要、优先的位置。

到了国际法治的场域，就很容易发现两个同时存在、可能相互竞争的基本价值的并行状况。一个是国家的主权，也就是国家的基本独立、尊严、自主和自由，另一个是个人的人权，即各国人民的自由与权利。在传统的国际关系体系中仅有前者的位置而没有后者的位置，但随着国际社会组织化的提升，人的自由和权利受到了更高的重视、被放到了更显著的位置。这二者之中何者占先，经常是国际法不得不面对的两难状态，人们在某些境况下必须在这二者之间做出艰苦的选择。主权和人权两重价值之间在国际法律体制之中的紧张状态，就是笔者所界定的“二元困境”。

在相当长的时期之内，国际法的重心不应当落在通过一国的主权保护该国人权的问题上，国际社会应当充分尊重国家的治理中心地位，通过协商、引导、合作的方式来提升人权，而不宜采取片面的干涉和打击措施。此时，由于在中国长期存在的具有文化基础的人本主义社会秩序观，导致我国形成了与西方的人权本位社会秩序观存在诸多不同、但同样有助于建构一个良好的社会体系的文化观念，并同样地在相当长的时间内形成了经济发展、政治昌明、文化繁荣、社会进步、民生幸福的局面。这就意味着在以人为本的社会秩序体系之中，不是只有西方人权一种话语模式，中国还可能贡献一种具有同样重要意义、至少是具有补充意义的话语模式。当前，大多数中国学者还满足于对西方人权思想与制度的研习和继承，对于构建中国自身的人权理论、人权实践话语体系尚未能充分重视，也还比较缺乏信心和勇气，而这恰恰有可能是中国对于国际法治乃至全球法治做出重大突破的领域之一。

国际法治不仅要有坚实有力的组织机构、切实可行的监督执行程序，更要有公平正义的法律规则。国际立法必须使相关的规则成为维护世界各国及其人民共同长远利益的保障载体，而不应当成为拉帮结派、排除异己，甚至嫁祸于人、党同伐异的工具。国际法必须在具有广泛参与度的基础上制定，而不应使某些规则体制成为“富人的俱乐部”。国际法的形成和运行要特别考虑那些利益会受到较大影响的国家，以及在相关方面能力相对薄弱、缺乏代表的国家。与此同时，在国际司法、准司法程序取得长足进展，国际争端解决方式日益丰富的背景下，中国积极参与国际司法，塑造正义、主持正义、推动正义的行为意味着对整个国际法治的完善迈出重要而坚实的步伐。为此，中国需要更加深入系统地掌握国际法律运行的程序与实体规则，了解规范的使用方式，推进对国际司法的应用与接受。

3. 案例分析

（1）万隆会议。

1955 年的万隆会议，无论对于中国，还是对于世界，都注定是一次伟大的、不平凡的会议。它不仅是尚未被纳入联合国体系的中华人民共和国政府在大型多边国际场合的首次亮相，而且是广大亚非国家在没有西方国家参与的情况下召开的第一次多边会议。在万隆会议上，中国以团结务实、求同存异的姿态在多边国际事务的舞台上露面，给与会各国和世界媒体留下了鲜明而深刻的印象，对此的讨论与分析已经非常充分和丰富，毋庸赘述。但是，这次会议还有很多宝贵的资源有待开掘。例如，该次会议的讨论进程对于国际治理体系的推进作用，该次会议所通过的决议作为一份软国际法文件对于国际社会发展的意义，仍有必要深入分析、积极评估。在未来国际法治的规划与完善的进程中，必须借鉴万隆会议的经验，确立妥当的行为方式和正确的价值理念，并用这种方式和理念去引导实践的发展。当前，需要重点强调的理念有如下几个：

首先是参与国际规则的积极表达。当我们从结构和进程的角度来观察国际关系和国际法时，不难发现万隆会议具有独特的里程碑地位，中国在其中起到了关键作用。法律是政治的一个方面，国际法是国际政治的一个方面，它不可避免地牵涉权力和利益。六十年前的世界，西方国家在国际法的版图上占据着主导的位置，拉美国家有一些亮点，但亚非国家的空间很小。在这样的大环境下，万隆会议彰显了亚非国家对于国际法的主动参与和积极表达，发出了自己的声音，并努力以此影响国际决策。

其次是树立国家主权的优先地位。六十年前的国际格局，殖民时代即将终结，但殖民思想却远未退场，所以保证国家体系的持续和稳定是关键的任务。万隆会议针对这一问题进行了专门讨论，并在决议中特别阐明立场。六十年后的今天，推进国际法治仍然需要审慎地处理人权和主权的关系，避免极化发展。一些理论家提出了“没有政府的治理”的观点，国际社会中也出现了“保护的责任”的主张，有些国家支持对于一些出现内部纷争的国家进行干涉，所以仍须强调主权不容否认、不容贬低的重要地位。

再次是强调国际合作的建设意义。万隆会议主张的发展中国家之间应紧密团结与全面合作，对于当今的第三世界也很有启示意义。发展中国家在世界上起到了越来越不容忽视的作用，以金砖国家集团为代表的新兴国家为后金融危机时代的全球经济稳定和复苏做出了重要的贡献，这意味着开放的、全球性的多边国际体制是全球经济社会发展的制度动力。因此，应当更加明确地认识当今世界相互依赖、合作共赢的基本格局，确立正和博弈的观念，摈弃零和博弈甚至负和博弈的冷战思维。

最后是复兴发展权的理念与制度。万隆会议高度重视发展中国家的经济与社会发展，这一主题至今仍有高度的时代性。充分尊重和保护人权是第二次世界大战以来国际法所取得的标志性进步，也是所有国家共同珍视的核心价值。但是在人权的共识之中，仍然存在个人人权与集体人权、自由权与发展权之间的对立。总体来说，西方国家站在个人自由主义的立场上，强调私权；而广大发展中国家则倾向于重视集体人权，特别是作为集体人权重要表现的发展权。

(2)“一带一路”战略。

2013 年开始构想、2014 年进入论证、2015 年全面投入实施的“一带一路”战略不仅在经济上意味着大量的商品、技术和服务贸易的契机，基础设施建设的契机，直接与间接投资的契机，而且意味着中国在全球治理的方向上展开了新的探索，试图将国际法治的程序和实体带上一条均衡和公正之路。

在促进国际法律体制、法律文化的多样化方面，中国一直在积极努力。早在中国还被很多西方国家孤立于国际体制之外的20世纪50年代，我们就在同印度、缅甸等国的交往之中提出了著名的“和平共处五项原则”，并产生了广泛而深远的影响。此外，我们还以积极的、建设者的姿态参加了1955年的亚非国家会议（万隆会议），在会上提出了“求同存异”的主张，不仅给周边国家留下了深刻的印象，而且为亚非国家引领和塑造国际法律秩序的日程确立和议事模式奠定了基础。中国国际法学家王铁崖先生早在30多年前就指出：第三世界在国际上的地位和作用将随着时间的推移而日益重要，它对国际法的影响也将日益深入和广泛。

而2013年提出的“丝绸之路经济带”和“21世纪海上丝绸之路”无疑是以往努力的新版本，并且是由亚非国家所主导的一套明晰而具体的法律秩序的坚实尝试。这种努力不仅会使亚非国家进一步积累参与和引领国际法律制度发展的经验，而且会为亚非国家增强完善国际法律机制、促动和完善国际法治的信心。正如中国领导人已经阐明的，“一带一路”战略并不试图替代既有的区域性经济贸易安排，而是仅着眼于对这些安排和各国的经济发展战略进行对接和整合。值得关注的是，这种对接和整合的意义是非常重要的。如果没有这种对接和整合，各个战略安排仅仅是孤立的、缺乏体系性的散沙，而一旦被整合到一起，就可能成为一个动力强大、目标明确的大型体制，有自己的灵魂，有自己的聚合力。也就是说，整合的精神至关重要。商务部、发改委、外交部于2015年3月28日联合发布的《推动共建丝绸之路经济带和21世纪海上丝绸之路的愿景与行动》所确立的坚持开放合作、和谐包容、市场运作、互利共赢的共建原则，以及政策沟通、设施联通、贸易畅通、资金融通、民心相通的主要内容和双边合作与多边机制齐头并进的共建模式，就构成了“一带一路”的精神。在这种精神里，蕴含着东方文化的古老智慧，包含着中国长期坚持和主张的国际理念，也容纳着中华民族伟大复兴和世界各国取长补短、共同走向繁荣富强的理想。

四、中国参与国际法治的能力建设

法治是衡量现代文明国家的重要标尺。一个认可和尊崇法治的国家会被视为值得崇敬和信任，反之，一个法律规范不健全、法治运作不完善的国家会被认为是治理能力缺乏、文化实力不足的国家。学术界已经意识到却还未能充分阐发的现象是，法治作为一种政治和公共话语，其伦理正当性得到了广泛而普遍的认可，是一个国家、社会群体在国内获取威信、在国际上取得信任的重要指标。当前，中国走在建设和完善法治的光明大路上。鉴于人们已经清楚地认识到由于以西方社会与历史文化为基础的主流法治理论不能完全与中国实践对接，并且无法很好地阐释中国的观念和立场，因而需要拥有中国自身的法治话语体系，从而解释和解决中国自身的问题。在这种条件下，需要进一步思考的问题就是，这种法治话语体系应当如何形成？具体的方向、领域和路线图在哪里？这是中国法治话语在建构层面必须正视的关键问题。笔者认为，如果期待形成中国法治话语，至少需要在以下几个方面进行努力：

1. 观念更新

在统筹国内与国际法治的进程中，中国首先要强化话语意识，完成从“行胜于言”到“言行并重”的转变。虽然中国政府和专业人士在国内和国际法治的问题上做出了很多努力，但是在某些周边国家，甚至在非洲、美洲、欧洲的某些地区，“中国威胁论”仍然广泛存在。特别是在对外关系中，中国的行动和观点经常被误解和曲解。这种“中国威胁论”的具体表现多种多样，其根源可以追溯到20世纪的“黄祸论”，其效果则是蒙蔽了人们对于真实的中国的了解和认知，强化了一些外国政府和公众的刻板印象，给中国的发展带来了阻力。从这个意义上讲，在法治的事项上讲好“中国故事”，仍然是一个非常艰巨的任务。

我们形成中国法治话语的首要任务就是观念的转变和提升。观念是行动的方向指引和动力源泉，如果没有话语的观念，无论什么样的能力都很难有意识地展现出来。而有了话语的观念，则可以培养人才、提升能力、努力建构、积极表达，因而话语观念和表达意识是构建起中国特色法治话语体系的主观基础。在观念上，中国文化以前经常强调“说到不如做到”“行胜于言”，认为君子应“讷于言而敏于行”，判定“巧言令色，鲜矣仁”。这种观念必须改变，在话语具有重要的制度与社会影响的新时期，应当推进到“做好更要说好”“言行并重”，深刻体会“言之不文，行而不远”的意义。

与此同时，中国还必须坚定话语信心，克服掉“夜郎自大”及“妄自菲薄”的倾向。在积极主动的话语表达观念之下，我们必须形成一种公开透明地进行话语表述的信心。所谓“公开透明地表述”，就是清晰而明确地阐释我们所理解的法治国家、国际法治的世界图景，毫不隐讳同时也理据充分地展示我们的推崇、赞同、容忍、反对的价值谱系。特别在中国的实践方面，既弘扬我们在法治方面的进步与成就，也洞悉我们在法治进程中的缺陷和不足。这种信心的基础是实事求是的精神，反对好大喜功的浮夸，也反对自惭形秽的“自黑”。

2. 理论构建

为了有效地统筹国内与国际法治，中国需要奠定话语基础，掌握好“法治文明”与“全球治理”的共性。在锤炼和表达中国法治话语的进程中，最容易遇到的一个疑问就是作为中国的法治话语有多少是“中国特色”，有多少应当与其他国家的认知相一致，这也是在形成中国法治话语的进程中最需要把握的一个基础问题。就这个问题而言，法学界的基本理解是，中国的法治目标、法治道路并非全新的事物，而是建立在世界上很多国家的理论探索的基础之上的。换言之，中国法治是世界法治地图的一个组成部分。从这个意义上说，法治的观念、制度有一些一致的共同话语。无论是国内层面的法治，还是国际层面的法治，无论是外国的法治，还是中国的法治，既然都叫作法治，就一定具有一些基本的共性。

从理论上来看，中国绝不能视西方的理论为无物，因为这些理论在很大程度上凝聚了先贤的智慧和理性。从实践上来看，中国也不能置其他国家的经验与教训于不顾，因为这些实践是中国自身法治道路的借鉴，可以供中国参考，找到正确的道路，避免走弯路。法治话语先要懂法，不能盲目行动。有的实践者对于法律自身不做研究，对现有规则不甚了解，“无知无畏”，鲁莽行动，不仅不能达到初衷，而且容易损害中国的法治话语体系。

为了有力地推进国际关系的法治化转型，需要锤炼话语特色，寻求到“道德高点”和“法理高点”的尺度。在充分了解和熟练使用法治的共同话语的基础上，我们还必须寻找和锤炼个性。中国的法治话语应该而且必然是法治共性和中国个性的结合。仅有共性而失去个性则不仅不符合法治文明的发展史，而且也失去了其存在的必要性，失去了中国作为世界上日渐重要的大国必然要承担的国际责任、维护的国际权益的意义。个性即是中国话语的特色，这种特色不应当是生搬硬套、刻意摆出来的“标新立异”，更不能是无病呻吟、哗众取宠，而必须是基于实践经验、基于社会需求而提出来的主张。对于国内、国际法律秩序的建构，对于法律体制的发展，中国政府和学界很可能因为近现代的经历和当前的环境与条件，有着与占据世界法治话语主流的西方国家和学者不同的理解和诉求，所以能够提出具有特色的理念和主张。这都需要在充分认识一系列历史与现实问题之后，逐渐完善中国特色的法治理论体系。

3. 人才培养

统筹国内与国际法治能力的建设，本质上就是培养能够表达中国话语的人，以及提升需要表达中国话语的人的能力。归根结底，这种能力的建设植根于人，这种能力的形成和强化取决于人才培养的机制，这就要求我们培养出“基础扎实”且“高瞻远瞩”的队伍。为了达到能力建设的目的，有必要在以下几个方面进行改革和完善：

首先，从教育教学的环节来说，需要我们确立法治理念、中国观念，学会话语的表达方式和法治的论辩技巧。这要求我们在从立场上奠定兼容并蓄、中西结合的宽容理念的同时，也要清晰而准确地把握中国的现实，在知识上完整而要言不烦地呈示法治的逻辑架构，在方法上既要培养人独立思维的能力，又要深刻地认知法律规范与政治立场、民族利益之间的关系，使人有效地利用形式逻辑和辩证逻辑，以具有说服力的法律论辩结构形成法学的表达模式，练就法治的思维模式。这些具体行为的目标就是提升人才培养的水平。

其次，从理论研究者的角度来说，应当鼓励他们在理论上进行多元的自由探索，提出具有原创性的理论模型。这里尤其提出理论界的论证能力。从学术研究的角度看，学者们有必要从将国外的学说、制度、实践引介到中国，将中国的状况、问题介绍到国外的模式，向深入剖析地域或者全球性的前沿问题、探讨重大疑难困境的成因和解决方案的模式转变。中国学者不再是信息的传递者或者语言的转译者，而必须是主动思考问题，整合、创新、供给理论，利用理论充实论证，得出研究结论的思考者。在对策问题上，尤其应注意向理论研究者提供充分必要的信息渠道，使其能够对于实践前沿有跟进的把握，从而提出具有针对性和可行性的建议。避免由于对客观情况的不了解而造成的雾里看花的研讨和隔靴搔痒的对策建议。

最后，从服务于中国法治实践的角度来说，教育界应当注重在扎实的知识功底基础上所进行的职业能力训练，也就是采取模拟法庭、模拟谈判、法律诊所等方式给学生沙盘演习甚至真实锻炼的机会。理论界则应高瞻远瞩，通盘考虑和理性预判中国在法治实践中正在面临和将要面临的全局性问题，既提供解释和解决问题的核心概念，也提供重要的论断和命题，这些概念、论断、命题并不限于对于政策的注释，还包括对于政策的批判和纠偏。此外，更主要、更急需的是为中国的法治理念和立场提供严谨的论证。所有这些的目的都是使实践界能够有效地应对出现的问题，保持国内、国际法治走在相对理性的轨道上，未雨绸缪，对可能出现的情况准备预案。

从理论界做起，学习最好的、向最高水平看齐，追踪前沿的信息，深刻把握观念的体系。实践界则在理论的战略指引下，能够妥善地表达自身的观点，亦即要求实践界保持对理论界的密切联系，理论与实践界充分沟通，使得理论与实践能够相互支撑、良性互动、互相砥砺。

4. 制度完善

提升统筹国内与国际法治的能力，建构国际法的中国立场，从长远来看，依赖于健康持续而行之有效的制度。其中的关键是理论与实践的制度性互动。学术界与实践界的沟通与交流、制度性合作等有待进一步增强。一言以蔽之，知识分子需要用独立的精神、自由的思想对现实进行解读、批判和重建，国际法实践参与者和国际法理论研究者必须努力跨越二者之间缺少交流的信息鸿沟，解决实践参与者本身缺乏长期跟踪、理论研究者本身缺乏长期关注的不足。与强势的政治力量相比，学术虽然柔弱，但生命相对久远。只有将这二者有机地结合起来，才能够起到双赢的作用——政治上的观念依学术上的建议而提出，具有更多的合理性；政治上的观念被学术界所深入论证，具有更丰富的内涵，因而也就具有更长久的生命力；学术界由于熟稔社会的总体方向、政治的主要问题而拥有更丰富的研讨课题和实践资料，由于为实践领域提供更有针对性的意见和建议而获得了更坚实的存在基础和更好的发展环境。

统筹国内与国际法治，还有一个表达的过程。这里既包括理论家的表达，也包括实践家的表达。从理论家的角度看，要充分重视表达的“通俗化”和“国际化”，前者要求能让平民百姓理解，后者要求能够让世界同行认知。“通俗化”并不是低俗化，也绝不是信口开河，而必须建立在对于事实、规则充分的了解前提之下的简洁朴素的表述，是真知、真信之后的酿蜜、吐丝。而“国际化”意味着用国际同行的通行语言来表述自己的观点，获得国际认同。

5. 结论

概言之，静态地观察，国际法治和法治中国在彼此并列的情况下存在着一些重叠。法治中国不必然接纳国际法治的方方面面，不自动包括国际法之治；法治中国也不完全是国际法治的一部分。与此同时，在全球治理的网络之中，国际法治与法治中国又有着密切的联系，两个网络在一定程度的交叠情况下形成了广泛而复合地相互促动。法治中国建设与其他国家的法治进程组成丰富而复杂的世界法治系统，这两个部分存在着多重的密切联系、相互影响——静态上存在着少部分重叠，动态上存在着砥砺与互动的关系。

中国的法治道路既需要在实践中付出深入、细致、复杂的努力，也需要理论界的研讨，还需要媒体适时、妥当地发声，通过这三者的共同努力，向世界表述中国的法治理念、法治理想、法治路径。作为明确中国在社会治理方式、社会关系模式法治化进程中的观点、立场、意图的系统性概念和论断，中国的法治话语不仅是中国在国际社会进行论争、获得理解、获取支持的重要载体，也是在国内使公众认知基本国情、确立国人对中国法治的信任与信心的重要方式。从这个意义上看，中国法治话语是法治中国建设中“必也正名乎”的“名”，是中国积极投身国际法治发展中“工欲善其事，必先利其器”的“器”。锤炼出包括中国在内的世界公众听得懂、能接受的话语，需要一个主观与客观相结合、战略与战术相结合的综合立体机制。其中包括积极投入的观念准备，胸怀坦荡的信心奠基，通晓并且熟练运用法治的共同术语等要素。通过这些要素的投入，中国的立场与观念得以阐发和维护，中国的法治理论与实践亦得以以适当的渠道和方式传达出去，并通过教育与职业相结合、理论与实践相结合使得话语建设的人才储备和能力建设得以完善。只有在这些方面都扎实地推进，中国的法治话语才能在法治中国的大地上生根发芽、开花结果，在世界法治的文化中健康持续、繁荣发展。

国际法治对于中国法治的影响与促动、国际法治在中国的执行和落实，是国际法治直接影响中国法治的重要方面。一个不关心、不参与国际法治体系与进程的中国不可能是法治的中国，一个不包含、不关注中国立场的国际社会必然是不公平、不均衡的国际社会，不可能是一个真正、完全法治的国际社会。与上述趋势相对应，法治中国也充实、塑造着国际法治，所以，国际法治是法治中国的重要外部条件，但这个外部条件不是僵固静态的，而是动态变化的。也就是说，国际法治是中国可以参与和塑造的外部条件。

法治中国与国际法治之间的动态互构关系意味着中国并不仅仅是国际法治被动的接受者和执行者，它同样也通过自身的探索和实践推动和促进着国际法治，并可能通过整合自身的理论优势和国家的具体情况，对国际法治的均衡、健康、公正发展做出更大的贡献，从而使国际法治的方向、步调受到影响，为世界各国在更加公正合理的国际法治环境中和睦相处、和谐共存做出贡献。

附录

习近平关于全球治理的部分论述

一、 为什么全球治理体系需要改革

1. 相互依存的发展使世界各国命运更加紧密相连

这个世界，各国相互联系、相互依存的程度空前加深，人类生活在同一个地球村里，生活在历史和现实交汇的同一个时空里，越来越成为你中有我、我中有你的命运共同体。

——2013 年 3 月 23 日，在莫斯科国际关系学院的演讲

现在，世界上的事情越来越需要各国共同商量着办，建立国际机制、遵守国际规则、追求国际正义成为多数国家的共识。经济全球化深入发展，把世界各国利益和命运更加紧密地联系在一起，形成了你中有我、我中有你的利益共同体。

——在中共中央政治局第二十七次集体学习时强调“推动全球治理体制更加公正更加合理　为我国发展和世界和平创造有利条件”

2. 更好地应对全球挑战

很多问题不再局限于一国内部，很多挑战也不再是一国之力所能

应对，全球性挑战需要各国通力合作来应对。

随着全球性挑战增多，加强全球治理、推进全球治理体制变革已是大势所趋。这不仅事关应对各种全球性挑战，而且事关给国际秩序和国际体系定规则、定方向；不仅事关对发展制高点的争夺，而且事关各国在国际秩序和国际体系长远制度性安排中的地位和作用。

——在中共中央政治局第二十七次集体学习时强调“推动全球治理体制更加公正更加合理　为我国发展和世界和平创造有利条件”

3. 适应全球增长格局新变化

全球经济治理体系必须反映世界经济格局的深刻变化，增加新兴市场国家和发展中国家的代表性和发言权。

——2013 年 3 月 20 日，接受金砖国家媒体联合采访

国际经济规则需要不断革故鼎新，以适应全球增长格局新变化，让责任和能力相匹配。我们要共同致力于提高金砖国家在全球治理体系中的地位和作用，推动国际经济秩序顺应新兴市场国家和发展中国家力量上升的历史趋势。

——2015 年 7 月 9 日，在俄罗斯乌法举行的金砖国家领导人第七次会晤上，发表主旨讲话《共建伙伴关系　共创美好未来》

国际社会普遍认为，全球治理体制变革正处在历史转折点上。国际力量对比发生深刻变化，新兴市场国家和一大批发展中国家快速发展，国际影响力不断增强，是近代以来国际力量对比中最具革命性的变化。

——在中共中央政治局第二十七次集体学习时强调“推动全球治理体制更加公正更加合理　为我国发展和世界和平创造有利条件”

4. 各国人民应公平享有世界经济增长带来的利益

我们要树立人类命运共同体意识，推进各国经济全方位互联互通和良性互动，完善全球经济金融治理，减少全球发展不平等、不平衡现象，使各国人民公平享有世界经济增长带来的利益。

——2015 年 12 月 1 日，就 2016 年二十国集团峰会发表致辞

当今世界发生的各种对抗和不公，不是因为联合国宪章宗旨和原则过时了，而恰恰是由于这些宗旨和原则未能得到有效履行。

——在中共中央政治局第二十七次集体学习时强调“推动全球治理体制更加公正更加合理　为我国发展和世界和平创造有利条件”

二、 什么是公正合理的全球治理体系

1. 以共同利益为基础

中国的发展绝不以牺牲别国利益为代价，我们绝不做损人利己、以邻为壑的事情。我们将从世界和平与发展的大义出发，贡献处理当代国际关系的中国智慧，贡献完善全球治理的中国方案，为人类社会应对 21 世纪的各种挑战作出自己的贡献。

——2014 年 3 月 28 日，在德国科尔伯基金会发表重要演讲

中国的发展不会牺牲别国利益，只会增进共同利益。中国将同各国一道，逢山开路、遇河架桥。世界上的路，只有走的人多了，才会越来越宽广。

——2015 年 10 月 21 日，在伦敦金融城市政厅发表重要演讲《共倡开放包容　共促和平发展》

2. 以合作解决分歧

我们要大力弘扬万隆精神，不断赋予其新的时代内涵，推动构建以合作共赢为核心的新型国际关系，推动国际秩序和国际体系朝着更加公正合理的方向发展，推动建设人类命运共同体，更好造福亚非人民及其他地区人民。

——2015 年 4 月 22 日，在亚非领导人会议上发表题为《弘扬万隆精神　推进合作共赢》的讲话

全球治理体系是由全球共建共享的，不可能由哪一个国家独自掌握。中国没有这种想法，也不会这样做。中国是现行国际体系的参与者、建设者、贡献者，一直维护以联合国为核心、以联合国宪章宗旨和原则为基础的国际秩序和国际体系。

——2015 年 9 月 22 日，接受美国《华尔街日报》书面采访，回答关于完善全球治理结构的问题

什么样的国际秩序和全球治理体系对世界好、对世界各国人民好，要由各国人民商量，不能由一家说了算，不能由少数人说了算。中国将积极参与全球治理体系建设，努力为完善全球治理贡献中国智慧，同世界各国人民一道，推动国际秩序和全球治理体系朝着更加公正合理方向发展。

——2016 年 7 月 1 日，在庆祝中国共产党成立 95 周年大会上发表讲话

3. 重视共同发展的实现

中国的发展得益于国际社会，也必将回馈国际大家庭。中国一直是国际合作的倡导者和国际多边主义的积极参与者，将坚定不移奉行

互利共赢的开放战略。随着中国实力上升，我们将逐步承担更多力所能及的责任，努力为促进世界经济增长和完善全球治理贡献中国智慧、中国力量。

——2015 年 10 月 21 日，在伦敦金融城市政厅发表重要演讲《共倡开放包容　共促和平发展》

不管全球治理体系如何变革，我们都要积极参与，发挥建设性作用，推动国际秩序朝着更加公正合理的方向发展，为世界和平稳定提供制度保障。

——2013 年 3 月 27 日，在南非德班举行的金砖国家领导人第五次会晤时发布的《携手合作　共同发展》的主旨演讲

中国倡导的新机制新倡议，不是为了另起炉灶，更不是为了针对谁，而是对现有国际机制的有益补充和完善，目标是实现合作共赢、共同发展。中国对外开放，不是要一家唱独角戏，而是要欢迎各方共同参与；不是要谋求势力范围，而是要支持各国共同发展；不是要营造自己的后花园，而是要建设各国共享的百花园。

——2016 年 9 月 3 日，在二十国集团工商峰会开幕式上发表主旨演讲《中国发展新起点　全球增长新蓝图》

三、 公正合理的全球治理体系所应达成的目标

1. 基本目标——维护发展中国家共同利益

中方愿意同拉方在联合国、世界贸易组织、亚太经合组织、二十国集团、七十七国集团等国际组织和多边机制框架内，围绕全球治理、可持续发展、应对气候变化、网络安全等全球性议题和热点问题

加强沟通和协作，维护广大发展中国家共同利益。

——2014 年 7 月 17 日，出席中国—拉美和加勒比国家领导人会晤并发表主旨讲话《努力构建携手共进的命运共同体》

中方愿同各岛国就全球治理、扶贫减灾、粮食安全、能源安全、人道援助等问题加强沟通，维护双方和发展中国家共同利益。中方将在南南合作框架下为岛国应对气候变化提供支持，向岛国提供节能环保物资和可再生能源设备，开展地震海啸预警、海平面监测等合作。中方将继续积极参与太平洋岛国论坛、太平洋岛国发展论坛等岛国地区合作机制，支持岛国联合自强、互帮互助、维护地区稳定和繁荣的努力。

——2014 年 11 月 22 日，同太平洋岛国领导人举行集体会晤并发表主旨讲话

要坚持从我国国情出发，坚持发展中国家定位，把维护我国利益同维护广大发展中国家共同利益结合起来，坚持权利和义务相平衡，不仅要看到我国发展对世界的要求，也要看到国际社会对我国的期待。

——在中共中央政治局第二十七次集体学习时强调“推动全球治理体制更加公正更加合理　为我国发展和世界和平创造有利条件”

随着国际力量对比消长变化和全球性挑战日益增多，加强全球治理、推动全球治理体系变革是大势所趋。我们要抓住机遇、顺势而为，推动国际秩序朝着更加公正合理的方向发展，更好维护我国和广大发展中国家共同利益，为实现“两个一百年”奋斗目标、实现中华民族伟大复兴的中国梦营造更加有利的外部条件，为促进人类和平与发展的崇高事业作出更大贡献。

——2016 年 9 月 27 日，在中央政治局第三十五次集体学习时强调“加强合作推动全球治理体系变革　共同促进人类和平与发展崇高

事业”

2. 最高目标——构建人类命运共同体

我们应该致力于构建创新、活力、联动、包容的世界经济，通过创新驱动发展和结构性改革，为各国增长注入动力，使世界经济焕发活力。我们要树立人类命运共同体意识，推进各国经济全方位互联互通和良性互动，完善全球经济金融治理，减少全球发展不平等、不平衡现象，使各国人民公平享有世界经济增长带来的利益。

——2015 年 12 月 1 日，就 2016 年二十国集团峰会发表致辞

要建立平等相待、互商互谅的伙伴关系，营造公道正义、共建共享的安全格局，谋求开放创新、包容互惠的发展前景，促进和而不同、兼收并蓄的文明交流，构筑尊崇自然、绿色发展的生态体系。

——2015 年 9 月 28 日，在出席第七十届联合国大会一般性辩论时发表题为《携手构建合作共赢新伙伴　同心打造人类命运共同体》的讲话

四、 如何推动全球治理体系改革

1. 扩大新兴国家代表权、平衡反映大多数国家的意愿和利益

全球经济治理体系必须反映世界经济格局的深刻变化，增加新兴市场国家和发展中国家的代表性和发言权。

新兴市场国家和发展中国家希望全球经济治理体系更完善、更符合世界生产力发展要求、更有利于世界各国共同发展。

——2013 年 3 月 20 日，接受金砖国家媒体联合采访

推动改革国际货币基金组织治理结构，增加新兴市场国家和发展中国家代表性和发言权。

——2015年7月9日，在俄罗斯乌法举行的金砖国家领导人第七次会晤上，发表主旨讲话《共建伙伴关系　共创美好未来》

要推动变革全球治理体制中不公正不合理的安排，推动国际货币基金组织、世界银行等国际经济金融组织切实反映国际格局的变化，特别是要增加新兴市场国家和发展中国家的代表性和发言权，推动各国在国际经济合作中权利平等、机会平等、规则平等，推进全球治理规则民主化、法治化，努力使全球治理体制更加平衡地反映大多数国家意愿和利益。

——在中共中央政治局第二十七次集体学习时强调“推动全球治理体制更加公正更加合理　为我国发展和世界和平创造有利条件”

2. 发展中大国应积极提升制度话语权

中印两国要以自身发展为世界经济增长和全球治理作出更大贡献，为气候变化、粮食安全、能源安全、网络安全等全球性问题提供代表广大发展中国家利益的方案。中国愿同印度加强在中俄印、金砖国家、二十国集团、上海合作组织等多边机制内的战略协作。中国支持印度在联合国包括安理会发挥更大作用的愿望。

——2014年9月18日，在印度世界事务委员会发表重要演讲《携手追寻民族复兴之梦》

加快实施自由贸易区战略，是我国积极参与国际经贸规则制定、争取全球经济治理制度性权力的重要平台，我们不能当旁观者、跟随者，而是要做参与者、引领者，善于通过自由贸易区建设增强我国国际竞争力，在国际规则制定中发出更多中国声音、注入更多中国元素，维护和拓展我国发展利益。

——2014 年 12 月 5 日，在中共中央政治局第十九次集体学习时强调“加快实施自由贸易区战略　加快构建开放型经济新体制”

积极参与全球经济治理和公共产品供给，提高我国在全球经济治理中的制度性话语权，构建广泛的利益共同体。

——2015 年 10 月 29 日，中国共产党第十八届中央委员会第五次全体会议公报

3. 全球治理合作应成为世界稳定的压舱石

合作是实现利益唯一正确选择。要合作就要照顾彼此利益和关切，寻求合作最大公约数。中美两国合作好了，可以成为世界稳定的压舱石、世界和平的助推器。中美冲突和对抗，对两国和世界肯定是灾难。中美应该和能够合作的领域十分广阔。我们应该推动完善全球治理机制，共同促进世界经济稳定增长，共同维护全球金融市场稳定。

——2015 年 9 月 22 日，在美国华盛顿州西雅图市，出席华盛顿州当地政府和美国友好团体联合举行的欢迎宴会时发表演讲

4. 周边外交是全球治理体系改革的起点

中国始终将周边置于外交全局的首要位置，视促进周边和平、稳定、发展为己任。中国推动全球治理体系朝着更加公正合理方向发展，推动国际关系民主化，推动建立以合作共赢为核心的新型国际关系，推动建设人类命运共同体，都是从周边先行起步。

——2015 年 11 月 7 日，在新加坡国立大学发表重要演讲《深化合作伙伴关系　共建亚洲美好家园》

5. 弘扬共商共建共享的全球治理理念

全球治理体制变革离不开理念的引领，全球治理规则体现更加公正合理的要求离不开对人类各种优秀文明成果的吸收。要推动全球治理理念创新发展，积极发掘中华文化中积极的处世之道和治理理念同当今时代的共鸣点，继续丰富打造人类命运共同体等主张，弘扬共商共建共享的全球治理理念。

——在中共中央政治局第二十七次集体学习时强调“推动全球治理体制更加公正更加合理　为我国发展和世界和平创造有利条件”

要继续向国际社会阐释我们关于推动全球治理体系变革的理念，坚持要合作而不要对抗，要双赢、多赢、共赢而不要单赢，不断寻求最大公约数、扩大合作面，引导各方形成共识，加强协调合作，共同推动全球治理体系变革。

——2016 年 9 月 27 日，在中央政治局第三十五次集体学习时强调“加强合作推动全球治理体系变革　共同促进人类和平与发展崇高事业”

6. 人才建设

要提高我国参与全球治理的能力，着力增强规则制定能力、议程设置能力、舆论宣传能力、统筹协调能力。参与全球治理需要一大批熟悉党和国家方针政策、了解我国国情、具有全球视野、熟练运用外语、通晓国际规则、精通国际谈判的专业人才。要加强全球治理人才队伍建设，突破人才瓶颈，做好人才储备，为我国参与全球治理提供有力人才支撑。

——2016 年 9 月 27 日，在中央政治局第三十五次集体学习时强调“加强合作推动全球治理体系变革　共同促进人类和平与发展崇高事业”

总结：中国应参与、推动并引领全球治理体系的发展

我们参与全球治理的根本目的，就是服从服务于实现“两个一百年”奋斗目标、实现中华民族伟大复兴的中国梦。要审时度势，努力抓住机遇，妥善应对挑战，统筹国内国际两个大局，推动全球治理体制向着更加公正合理方向发展，为我国发展和世界和平创造更加有利的条件。

国际社会普遍认为，全球治理体制变革正处在历史转折点上。国际力量对比发生深刻变化，新兴市场国家和一大批发展中国家快速发展，国际影响力不断增强，是近代以来国际力量对比中最具革命性的变化。

随着全球性挑战增多，加强全球治理、推进全球治理体制变革已是大势所趋。这不仅事关应对各种全球性挑战，而且事关给国际秩序和国际体系定规则、定方向；不仅事关对发展制高点的争夺，而且事关各国在国际秩序和国际体系长远制度性安排中的地位和作用。

要推动全球治理理念创新发展，积极发掘中华文化中积极的处世之道和治理理念同当今时代的共鸣点，继续丰富打造人类命运共同体等主张，弘扬共商共建共享的全球治理理念。

——2015年10月12日，在中央政治局第二十七次集体学习时强调“推动全球治理体制更加公正更加合理　为我国发展和世界和平创造有利条件”

我们要继续做全球治理变革进程的参与者、推动者、引领者，推动国际秩序朝着更加公正合理的方向发展，继续提升新兴市场国家和发展中国家代表性和发言权。我们要继续做国际和平事业的捍卫者，坚持按照联合国宪章宗旨、原则和国际关系准则，按照事情本身的是非曲直处理问题，释放正能量，推动构建合作共赢的新型国际关系。

——2016 年 10 月 17 日，在印度果阿出席金砖国家领导人第八次会晤，发表题为《坚定信心　共谋发展》的重要讲话

后　记

近年来，全球治理的国际话语权悄然从西方向中国转移。中国对全球治理的贡献也越来越从器物、制度向精神层面迈进。自信地阐述中国全球治理的思想，自觉地推动全球治理朝着更加公正、合理的方向发展，成为高校教学和智库研究的时代使命。

中国人民大学作为新中国哲学社会科学的一面旗帜，理应在全球治理教学、研究方面做出较大贡献。2016 年 5 月 17 日，中国人民大学有十位学者（包括本书的三位作者）参加了习近平总书记主持的全国哲学社会科学工作座谈会，占参加者的八分之一。党中央对中国人民大学的厚爱与厚望由此可见一斑。

为响应中央号召，在习近平总书记关于全球治理的系列重要讲话精神指引下，中国人民大学党委书记靳诺教授组织学校相关学科专家撰写了本书，具体分工如下：

第一部分是“理论篇”，集中阐述全球治理的中国逻辑。第一章“全球治理的逻辑起点：从西方性到全球性”由庞中英撰写，第二章“全球治理的中国期待：中国不能缺席”由教育部长江学者金灿荣撰写，第三章“全球治理的中国基础：中国制度的比较优势”由教育部长江学者杨光斌撰写，第四章“全球治理的中国角色：参与者、建设者、引领者”由陈岳撰写。他们都是国际关系学院的教授。

第二部分是“实践篇”，集中剖析“全球治理的中国探索”。第五章“人类共同价值观——寻求人类价值最大公约数”由马克思主义学院秦宣撰写，第六章“倡导新型国际关系与新安全观”由国际关系学院方长平撰写，第七章“打造网络空间命运共同体”由人大校友李韬撰写，第八章“‘一带一路’的中国智慧”由国际关系学院王义桅撰写，第九章“亚投行与全球金融体系变革”由经济学院赵勇撰写，第十章“为什么说中国拯救了G20?”由重阳金融研究院王文和贾晋京撰写，第十一章“推动国际关系法治化”由法学院冯玉军撰写。此外，刘鑫鑫博士、李楠博士对本书的写作亦有贡献。

我们期望本书能抛砖引玉，推动国内对中国特色的全球治理理论的研究，推动国际社会对全球治理的中国担当的积极响应，增强中国在全球治理领域的国际话语权。我们深知，本书仅开了个头，有待续篇不断充实完善。不当之处，敬请专家指正。

图书在版编目（CIP）数据

全球治理的中国担当/靳诺等著．—北京：中国人民大学出版社，2017.4
（“认识中国·了解中国”书系）
ISBN 978-7-300-23864-7

Ⅰ.①全…　Ⅱ.①靳…　Ⅲ.①国际政治-研究 ②发展战略-研究-中国
Ⅳ.①D5 ②D60

中国版本图书馆 CIP 数据核字（2017）第 008755 号

“十三五”国家重点出版物出版规划项目
“认识中国·了解中国”书系
全球治理的中国担当
靳　诺等　著
Quanqiu Zhili de Zhongguo Dandang

出版发行	中国人民大学出版社		
社　　址	北京中关村大街 31 号	**邮政编码**	100080
电　　话	010－62511242（总编室）		010－62511770（质管部）
	010－82501766（邮购部）		010－62514148（门市部）
	010－62515195（发行公司）		010－62515275（盗版举报）
网　　址	http：//www. crup. com. cn		
	http：//www. ttrnet. com（人大教研网）		
经　　销	新华书店		
印　　刷	涿州市星河印刷有限公司		
规　　格	160 mm×235 mm　16 开本	**版　　次**	2017 年 4 月第 1 版
印　　张	14.75 插页 2	**印　　次**	2017 年 4 月第 2 次印刷
字　　数	174 000	**定　　价**	38.00 元

“十三五”国家重点出版物出版规划项目

“认识中国·了解中国”书系

中国的未来（中英文版）

ISBN：978-7-300-14885-4（中）
978-7-300-15857-0（英）

作者：金灿荣　等

定价：38.00 元（中）
128.00 元（英）

大国的责任（中英文版）

ISBN：978-7-300-12992-1（中）
978-7-300-13158-0（英）

作者：金灿荣　等

定价：38.00 元（中）
98.00 元（英）

中国人的价值观（中英文版）

ISBN：978-7-300-16562-2（中）
978-7-300-16671-1（英）

作者：宇文利

定价：38.00 元（中）
138.00 元（英）

中国共产党就是这样成功的（中英文版）

ISBN：978-7-300-16634-6（中）
978-7-300-16633-9（英）

作者：杨凤城

定价：38.00 元（中）
138.00 元（英）

中国大视野 2：国际热点问题透视

ISBN：978-7-300-21280-7

作者：中国国际问题研究院

定价：35.00 元

中国经济发展的轨迹

ISBN：978-7-300-18288-9

作者：贺耀敏

定价：38.00 元

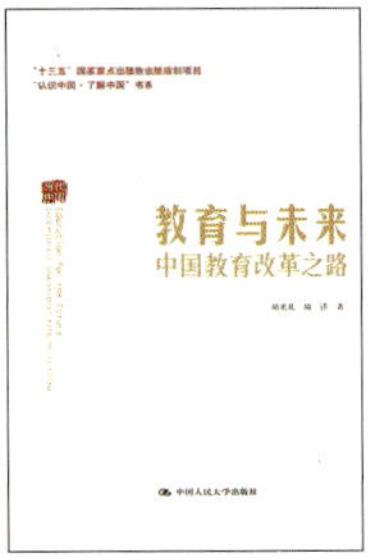

教育与未来：中国教育改革之路

ISBN：978-7-300-23212-6

作者：周光礼　周　详

定价：36.00 元

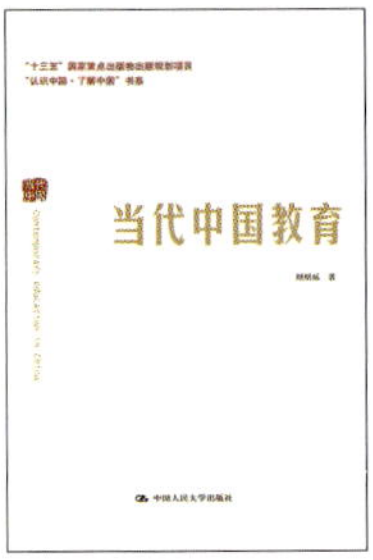

当代中国教育

ISBN：978-7-300-23152-5

作者：顾明远

定价：25.00 元

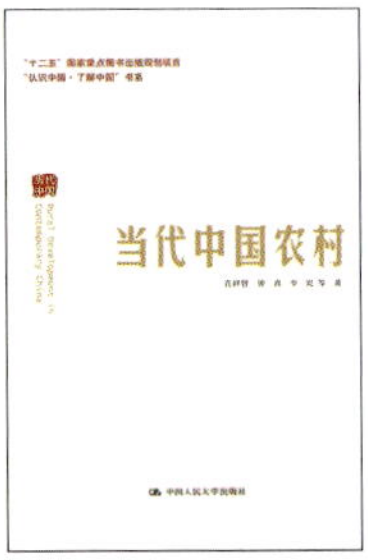

当代中国农村

ISBN：978-7-300-22134-2

作者：孔祥智　等

定价：36.00 元

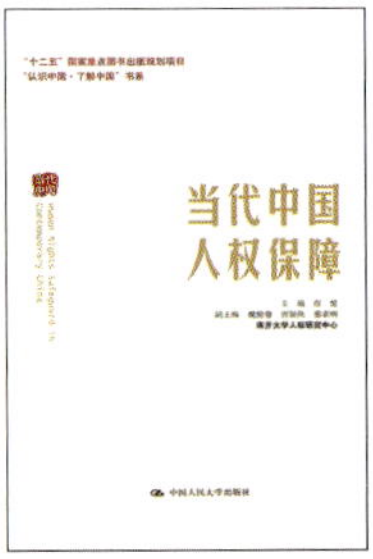

当代中国人权保障

ISBN：978-7-300-16182-2

作者：常　健

定价：35.00 元